人與強權的搏鬥，
實是一場記憶與忘記的搏鬥。

米蘭・昆德拉
M. Kundera

聖經研究叢書

政治中的聖經

從政治角度閱讀聖經的原則與範例

包衡著　廖惠堂譯

▼

聖經研究叢書

政治中的聖經

從政治角度閱讀聖經的原則與範例

The Bible in Politics

How to Read the Bible Politically

作者

包衡 Richard Bauckham

翻譯

廖惠堂

責任編輯

李慧儀

裝幀設計

石依恒

■

出版／發行

基道出版社

香港沙田火炭坳背灣街 26 號富騰工業中心 1011 室

LOGOS PUBLISHERS

Unit 1011, Fo Tan Ind. Centre, 26 Au Pui Wan St., Shatin, Hong Kong

電話：(852) 2687-0331　傳真：(852) 2687-0281

網址：http://www.logos.com.hk

承印

陽光印刷製本廠

●

7/2001 初版

Cat. No. LP137A

ISBN-10: 962-457-192-9

ISBN-13: 978-962-457-192-9

刷次	11	10	9	8	7	6	5	4	3
年份	2023	2022	2021	2020	2019	2018	2017		

送給
在南非和納米比亞的朋友，
感謝你們一九八七年到訪，
十分值得記念。

中文版序

很高興知道拙作能以中文跟讀者見面。成書至今已有數載，讀者們也會發現，我在書中所列舉的現代政治事例，有些已經不再是熱門話題。事實上，這數年間，世界經歷了不尋常的轉變——南非的戲劇性轉變，東歐的共產主義政權，以及蘇維埃聯邦的倒塌。書中那些對現代處境和事件的參考，只是一些例子，我從沒視它們有超越例子功能以外的傾向。本書真正探討的是方法——「如何」從政治角度閱讀聖經，「如何」發掘聖經對處於新處境底下的現代世界有不斷更新的適切性。在新的政治發展和愈趨重要的新狀態(諸如全球化)下，希望讀者能學會如何在當中反省。也希望讀者能將我所寫的，應用到他們國家的政治環境中。這方面，他們比我更加在行。正如我在這本書的英文版序言中所寫的。政治地詮釋聖經是基督的教會整體共同合作的任務。懇切祝願此書能負起部分交流的作用，使華語讀者能對此項整體的釋經任務作出巨大的貢獻。

事實上，早已有華人聽過本書的第二章。它源自我在曼徹斯特(Manchester)一間華人教會發表的講座講稿。他們正一起查考利未記，作為一系列聖經研究的其中一個項目。當時正值天安門事件最緊張的一個星期，大家都從電視熒幕觀看那裏的情況。了解華語基督徒的信心與當時殘酷無情的政治實況之間的關係，分享他們對此的關注，是一次感人的經驗。

理察・包衡
(Richard Bauckham)
二○○一年六月於聖安得烈

英文版序

這本書的前身是一九八四至一九八五年間，七篇發表於《第三條路》(*Third Way*)雜誌的一系列文章。該雜誌近年在英國積極推動基督徒對政治的醒覺。我很感謝雜誌編輯迪安先生(Tim Dean)邀請我寫這一系列的文章，並鼓勵我將它們擴展成書。沒有他的倡議，這本書便不會面世。

在此也要特別感謝艾腓力(Philip Alexander)、安阿諾(Arnold Anderson)、卓約拿(Jonathan Chaplin)和高定基(John Goldingay)，他們看畢此書的全部或部分內容後，給我很多寶貴的意見。

過去這麼多年來，有很多人幫助我塑造自己在解釋聖經和聖經裏的政治的思想，要一一多謝他們，那實在是不可能的。我所作的附註似乎更能證明我最近仍然借助他們。我發現那些看來好像是我自己的洞見，大概只是來自許久前我所得但忘記了出處的素材。跟往常一樣，且我也不用多說，書中如有錯誤，那是我自己的錯誤(只是我忘記了它們的出處罷了)。不過釋經學始終不是個人的活動，而是基督的教會整體共同合作的任務。我借助他人之處愈多，我幫助讀者對這個仍在進行的任務有貢獻的機會便愈多。

理察・包衡

(Richard Bauckham)

一九八八年五月於漢科夫

鳴謝

我們衷心感謝下列出版社或雜誌允許我們使用有版權的材料：

拿芬出版社(Ravan Press Ltd.)(約翰內斯堡)讓我們節錄勒拿波(Walter M.B. Nhlapo)的詩〈來吧，自由！來吧！〉('Come, Freedom Come')。

教會刊物世界公會(World Council of Churches)讓我們引述甘美達(Zephania Kameeta)的詩。

第九章改寫自最初在《教會人》雜誌(*Churchman*)刊出的文章。

本書(英文版)所引聖經，是美國基督教會全國公會基督教教育部(the Division of Christian Education of the National Council of the Churches of Christ in the USA)的修訂標準本(Revised Standard Version)，承蒙批准使用。

編者按語：作者於書中引用之經文主要出自RSV譯本(Revised Standard Version)，間或使用其他譯文，甚或自行翻譯。中文聖經和合本未能一一對應，故翻譯時遇上差異即按原書意思作出更改，亦於行文及註釋中交代。

目錄

前言

很多基督徒近來才重新發現聖經信息中的政治向度。其實這才是回到常態，因為「本於聖經的基督教不理政治」這個概念，只是現代西方基督教對真理的歪曲。否則，教會歷史的大部分時期裏，便不需進行這方面的討論了。不過粗心大意的人從政治角度詮釋聖經，很容易會跌進不同的陷阱。將我們的偏見讀進聖經實在是太容易的事；但有智慧地將聖經時代的政治社會和現今的社會分清，並且不產生時代混亂，卻一點也不容易。本書的目的是幫助讀者明白聖經的政治適切性，所用的方法，比目前一些企圖從政治角度讀聖經的方法更有條理和更富想像力。本書沒有提供聖經政治教導的綱要，也沒有為基督徒提供政治行動的計劃，但卻提供了學習政治釋經學(political hermeneutics)的先決條件。換言之(為免「**釋經學**」這個名詞把一些人嚇跑)，這本書是寫給那些想知道**如何**從政治角度詮釋聖經的人的。在閱讀的過程中，我們會碰到很多有關聖經教導及這些教導對現代政治問題的適切性的特定結論。然而，這些結論只是一種釋經方法的基本示例，目的是鼓勵讀者探求自己的方法。雖然書中的範例覆蓋很多聖經和政治的領域，但它們只是一些代表例子，並不是詳盡徹底的研究。

第一章是方法學：簡介釋經學的問題和原則；這些原則將會在書中逐步舉例說明。詮釋聖經像一門藝術多於一門科學。像所有藝術一樣，釋經有它的原則和需要很多訓練；但好的詮釋絕不只是在指導下學會一些原則那麼簡單。因此，在第一章之後，本書的教導方法會著重於讓讀者多實踐釋經。第二至第六章會提供特定的、相對比較短的聖經篇章作政治詮釋的例子。這些經文被選取為例子，是因為它們屬於不同種類，代表了不同的聖經文學體裁，並牽涉到頗為廣泛的政治問題。由於這幾章所採用的釋經方法，不是獨立詮釋所選的經文，而是與文理及處境有關連，因此這些例子常會超越所選經文的範圍。不過這幾章的焦點是對特定的文理及處境作詳盡詮釋，若非如此，任何釋經都是粗劣和不可靠的。

第七章展示了另一個處理聖經素材的進路，它的方法，雖然與前六章有所不同，但卻同樣重要。這一章會以整本聖經探索一個特定的主題，再勾劃和發展這個探索的大輪廓。第八和第九章將很少人認為有現代政治適切性的經文，聯繫到兩個最具現代特色的政治實況之上。這兩章的目的，是要顯明如何有創意地將聖經和現代的實況連在一起，使之產生新的啟示，並藉此證明聖經在全新的方法和經證明有效的方法驗證下，都顯出它的適切性。要做到這一點，頗重要的一個元素，是政治釋經學是否足夠應付當代社會政治常規的需要。最後是一個總結性的反思步驟：跨過解釋的層面，進到聖經一致的中心——耶穌和祂與救恩有關的活動——作神學和政治的反思。

本書沒有規定一定要順著看。甚至那些想從實際釋經活動中觀察釋經方法，然後才再反思方法的人，也不一定要先看第一章。其他的篇章，讀者喜歡先看哪一章都可以。我只要求讀者儘量不要對聖經不同部分的政治適切性預先下判斷。心懷開放的聖經讀者，常會有充滿挑戰性和啟發性的驚喜等待著他們。

要恰當地維持本書的效用，我們應當記住威廉斯(Charles Williams)對了解約伯記所作的論說。他指出坊間有很多約伯記的註釋書和釋經書，但就算沒有它們，我們也可以直接查看約伯記。[1] 我盼望接下來的篇章不會將讀者帶離聖經，而是常常回到聖經，更信奉和支持它。

第一章

理解詮釋的問題

在這一章，我們會討論一些最重要而又出現於將聖經應用到在政治上的釋經問題，從而形塑幾個從政治角度看聖經的原則。然後我們會在下面的篇章，以詳細的釋經例子為這些原則作示範。我們會以最關鍵性的釋經問題作為開始，這問題亦是基督徒在政治問題上有很多分歧的原因，它就是新舊約之間的關係。

聖經裏不同種類的政治

大部分看聖經的人都會注意到，新約聖經和舊約聖經對政治的事情有很明顯的分別。最低限度，從表面看來，舊約聖經似乎多些講及政治，新約聖經則很少提及。不過這樣說兩者的分別可能有誤導之嫌，因為這忽略了一點：新約聖經雖然沒有很明顯的政治性，但它當中可能有很多政治含義。要完全沒有政治性，不是一些人想像中那麼容易。新舊約之間的分別，以不同的政治內容來表述，應該是更恰當的表達。舊約很多經文都是對神的子民說的；他們是一個政治實體，在他們的歷史之中，很多時都有一定程度的政治自主性。因此舊約聖經直接關心以色列人的政治生活、政治事情的處理方式、政策的制定、君王和百姓的責任等等。新約聖經是寫給在羅馬帝國中，一個無任何政治權力的少數民族的。因此，新約中顯然與政治有關的材料，大部分都是關於公民和百姓的責任。雖然這些公民和百姓有時可能盼望用先知式的見證，令當政掌權者留下印象（太十18），可是他們沒有常規的渠道可作出政治方面的影響。若想要奪得政治權力，他們惟一可以想到的途徑是武裝革命（雖然極少是行得通的），但這似乎是他們一向拒絕作的選擇。

新舊約之間的不同，解釋了為甚麼自君士坦丁之後，每當基督徒的政治思想較為偏向於舊約，他們的政治狀況便會朝更直接的政治影響力和政治責任發展。這情況不僅可以在大部分的西方基督教歷史中，那典型的「基督教世界」(Christendom)狀態下看到。那些自稱信奉基督教的社會，政治上亦會與以色列很相似。此外，在基督徒支持革命運動，以及現代多元化的民主中，我們也可以看到舊約的影響。在基督教歷史的進程中，舊約的律法和先例常常被用來支持很多不同的政治制度和政策，例如：神授君權、十字軍、重新分配財富、執行死刑、援助第三世界國家，以及王權高於全國的教會等。舊約聖經也被人引述作為准許或不准許女性作統治者、奴隸制度和刺殺政治人物的理據。

選擇性地選材的問題

一直以來，基督徒帶政治性地引用舊約聖經的事件，其中一個問題是選擇性地選材。很明顯，基督徒常常**選取**那些他們認為有現代政治重要性的舊約教導。而在不同的時間和地方，他們會選取不同的素材。這裏出現的問題，是這種選擇往往受一己的利益所支配，而不講任何釋經的原則，因此很容易產生在意識形態上操控經文的危機，陷入支配經文以支持現有的原則和計劃的危險中。將自己選擇的舊約素材跟前人作比較，並問自己有沒有一些原則叫自己的選擇比他們好，這樣做會令現代基督徒得益不少。那些隨便引用先知的要求，以此為窮人和受壓制者爭取社會公義的人，常常忽略先知用同樣語氣所作的另一些要求，例如守安息日等(參結二十二7～8；摩八4～6)。他們有多少人會從釋經學的**原則**來看這些經文？十九世紀嚴守安息日的信徒，支持立法強制全國守安息日(從基督徒應否順服於政治勢力來說，這是一個很重要的問題)，它的意義，跟今天很多基督徒關心失業或第三世界的問題無異。最少，按舊約的條文，他們有他們的理據。

「神命」的不同

當有人要求基督徒解釋，為甚麼他們認為舊約的政治規條不應應用於現今的政治環境時，基督徒通常會有兩種反應。一種是訴諸文化處境的不同：在古代以色列社會中，合於政治常理的事情，卻可能不適用於現代科技社會。這一種答法，跟應用新約聖經教導的適切性相同，我們會在以後的篇章再討論。而另一種反應，可能會訴諸「神命」處境的不同：換言之，是講到舊約在基督教成立之前的特性。在這裏，兩約之間的關係成了一個極重要的爭論點。事實上，這一種講法可以有兩種很不同的表現形式：

1. 有些人可能會說新約的倫理(例如登山寶訓)，比舊約的倫理進步，因此舊約的倫理某程度來說是過時的。

2. 有些人會說舊約的以色列是神治的國度，因此地位獨特，不能為新約時代提供一個政治模式。在新約時代，神的子民不是一個政治實體，而是分散在各國中。(在這裏順便一提，我們在舊約聖經裏其實可以注意到，當中也有神的子民大量流散的政治問題。這不單提供了猶太人在外邦國家作百姓的指引〔耶二十九〕，也提供了猶太人在外邦國家運用政治權力或影響力的例子：約瑟、但以理和他的朋友、以斯帖和末底改等。)

這兩種形式的論點，常被用來宣判舊約的戰事不適宜用作政治先例等。根據第一個論點，舊約有關戰爭的教導，常被說為應該被主耶穌非暴力的倫理教導取代。而根據第二個論點，以色列的戰爭是聖戰，由神開展以對付祂的敵人，但現代的國家不能宣稱他們的戰事得到這一種神的授命。

雖然這兩個論點都植根於舊約的「神命」地位，兩者都可能有考慮到聖經關於戰爭的教導，但我們得弄清楚，這是兩個十分不同的論點。另一件值得注意的事情，是兩個論點都將我們牽涉到另一個問題：神的子民與世界的關係。這一點我們很快會討論到。在第一個論點，即使它所講的合理，我們仍然需要知道，耶穌的倫理教導只是禁止基督徒打仗，還是也禁止世俗的國家打仗。而在第二個論點我們要考慮的，是神管治以色列祂自己的百姓的原則，跟祂對其他國家的要求有所不同，這一點到底有多真確。很明顯，舊約的政治素材對我們現代有多少適切性，是一個很複雜的釋經問題。

將舊約用於今天

有些人看見這個複雜性，便可能會完全不去考慮舊約的政治適切性。但我們有很好的理由不跟隨這做法。無論是舊約還是新約，神和祂給人類的生活目的都沒有變。舊約的政治素材主要表達的，是神的特性和祂給人類的生活目的。它們表達的方式，在舊約以色列那特殊的情況下，是很合宜的表達方式：不單是當時當地一個國家的特別文化背景下的合宜方式，對神的子民在基督到來之前那特別的救恩歷史處境，也是合宜的方式。這就是說，縱然律法和先知的教導不能成為我們政治生活的**指令**，但它們可以**指引**我們的政治生活。我們不能直接應用它們，但神藉此表現祂的特性和以色列政治生活的目的，我們可以從中學習應該怎樣將這些東西表現在今天的政治生活中。

這即是說我們首先要關注的，不是選取哪些是今天仍然可以應用的舊約部分。這些部分沒有一件是可以直接應用在我們身上的**指令**，但它們全都對**指引**我們有重大關係（參提後三16）。當我們思想文化和救恩的歷史，跟我們自己的處境間的異同時，不同的舊約政治層面對我們會有不同的啟發。相似的情況固然有指引性，相反的情況也同樣有指引性。無論是哪一種情況，我們都要考慮救恩歷史的處境，並將舊約的素材和新約的素材互相關聯。新舊約之間的關係最重要的一點，並不是：在某些情況下，舊約的規條被新約取代，而在另一些情況則維持不變。最重要的一點是：

主耶穌**成全**了全部的律法和先知。舊約沒有一部分不受基督的成全所影響，而所有的舊約既然都被基督成全了，便都仍然有指引性。我們不應將基督這個成全強行變成一些人為的方案(例如：傳統的講法，它宣稱基督廢除了民事和禮儀上的律法，但卻保留了道德上的律法)，我們應該藉著基督細看舊約的每一個部分和層面。這樣做，會產生很多不同形式的果效。我們在新約看見舊約的成全的同時，也不要忘了看新約時，也必須要看舊約的背景，因為那是它的前設。新舊約在政治的教導和其他的事情上都是互相補足的。

個人和政治的倫理

除了新舊約之間的關係這個問題之外，在看聖經對政治的適切性時，最少還有三個常常出現的釋經問題。這些問題全都影響我們判斷聖經的素材適切現代政治的程度。這段或那段經文有一些關於我們政治生活的話嗎？我們有時會這樣說：「沒有。因為這是關於個人的倫理，而不是政治。」或者：「沒有。因為這是關於教會的社交生活，不能應用在教會以外的社會。」又或者：「沒有。因為它只應用於當時特定的文化環境，不能應用於我們這與之非常不同的社會。」我們需要仔細看這三者的分別，才能決定哪些有政治適切性，哪些沒有。

我們以一個釋經原則開始；這個原則可以用來判斷(也已經用了來判斷)大部分的聖經教導(尤其新約的教導)，是否對政治問題有適切性。這個原則就是：應用於直接的人際關係的倫理原則，以及應用於政治機關或政治活動的原則之間的根本分別。按著這個原則，登山寶訓可應用於一個政治家的個人生活，但不能應用於他**作為**政治家的公眾活動。馬丁路德以一種非常有影響力的形式(不是最極端的形式)持這個觀點。舉例說，他指出一位法官在個人生活裏需要饒恕加諸於他身上的傷害而不要求賠償，但作為一位法官，他同樣需要運用他的職權給罪犯判刑，不讓他們逍遙法外。

馬丁路德沒有說應用在個人和公眾層面的倫理準則**完全**不同；他沒有犯這個錯誤。舉例說，他沒有說愛是個人倫理的準則，公義是大眾生活的準則，將兩者加以分別(聖經沒有作這樣的分別)。相反，路德承認「愛鄰舍」這個吩咐，是政府和個人都要遵守的倫理準則(根據太二十二40，律法和先知的**政治**訴求，所依據的就是這個準則)。然而個人生活和大眾生活裏，愛的表現形式必須有所不同。

某程度來說，他的論點有理。當耶穌要作特定的倫理教導時，幾乎都是與個人生活有關。例如馬太福音五章38至42節所講的，不是教法官如何斷事，而是教個人如何處事。然而路德的準則能否將大眾和個人生活劃分清楚，似乎是一個疑問。他說個人要饒恕他人加諸自己身上的傷害，但假如當中牽涉幾個人的利益，或者另一些人受到傷害或需要受保護，又或者他有責任(例如身為父母者)為做錯事的人進行道德教育，這個準則便沒有指引他應該怎樣處理這些情況。在這些情況下，饒恕便只是愛的眾多職責之一。當我們講到政治的情況，也不會跟這有太大的分別。饒恕的準則不是不能行，只是需要跟其他愛的原則結合，以合宜的形式出現。

因此我們有一般基督徒的道德責任，就是在生活的各種情況下實踐基督教導的原則，包括政治的原則。當然，不是所有原則在每一個情況都可以應用的（舉例說，馬太福音五章27至28節對軍備競賽的問題便沒有多大關係），但我們必須在它們可以應用時應用它們。沒有一條釋經的法則能將它們摒棄於政治的範疇之外。

給教會和世界的倫理道德

我們可以舉一個十六世紀的例子，看另一種限制新約倫理實踐的方法。馬丁路德清楚劃分基督徒個人和公眾的角色，重洗派（Anabaptist）則清楚劃分基督徒和非基督徒、教會和世界。他們說，登山寶訓的倫理支配基督徒羣體的整個生命，但對於管理一個國家卻是不相容的，因此基督徒不應出任國家的公職。政治活動必須留給非基督徒，留給那些登山寶訓不是以他們為對象，我們對他們的道德標準要求有所不同的人。但我們必須注意，即使在十六世紀，那些涉及所有公民的政府活動（例如交稅），早已對這個觀點提出質疑。在今天的民主政制中，要支持這個論點是更難了。

基督徒應該有動力和屬靈的資源去活得比別人好（參太五46～48），並且教會比別的地方更能找到神給人類社會的目的，這樣說是一回事，但說基督徒和非基督徒有不同的倫理道德原則去應用卻是另一回事。後者很難找到聖經的支持。

既是這樣，隨之而來的問題是，登山寶訓除了有別的形式的實踐，便還要有政治上的實踐。還有就是，新約給基督徒羣體的基本生活原則，也要擴大至人類生活的原則，因此它有政治的適切性。推而廣之，我們也可以將這應用於耶穌有關服事的革命性的原則(可十42～45)、保羅有關性別和種族平等的原則(加三28)、保羅明顯消除奴隸的身分(門16)，以及他對擁有財物要均平的原則(林後八14)。早期重洗派信徒對解決這些問題有很大功勞。他們比與他們同時代的復原教信徒(Protcstant)，在對基督徒羣體的基本應用上，更認真地持守這些原則中的某些原則，因為他們清楚劃分了教會與世界。但我們一旦承認了這些原則，便不能將它們限於教會。我們可從一些例子看到以上的原則。舉例說，十九世紀努力消除奴隸制度的福音派信徒(Evangelicals)認為，奴隸制度的問題不單是教會內的身分問題，更是國家竟容許的情況存在的問題。南非的基督徒則認為，既然教會內有種族隔離是不公義的，那麼在國家和社會裏有種族隔離也是不公義的。

要將新約聖經給基督徒羣體的原則，從教會擴展到政治社會，我們必須充分了解兩者的所有分別。政治不能做福音和聖靈可以做的工作；而在深受基督教或其他宗教倫理價值影響的社會中可行的政治，也不能行諸於所有社會。因此在教會內實踐這些原則、向世人作見證，便應該常常是教會的首要事情。但我們也應該記住，有些事情(像性別和財富公平等)，教會常常需要別人的見證來提醒她聖經中的原則。

永恆的標準與文化的相對性

人類的基本情況自聖經的時代以來沒有多少變動，可是人類社會情況的形式卻有翻天覆地的轉變。無論奉行民主制度還是極權主義，是工業化還是已經開始邁向後工業化，現代社會的政府已經跟底波拉、希西家或本丟彼拉多時期的情況有極大差異。政府的手段和它的功能已經隨著需要改變，並且不斷在變。我們在使用聖經作政治用途時，必須將這一點放在我們思想的最前方，否則便會出現一些幼稚、怪誕或荒謬的言行。例如說既然聖經時代教育不是政府的責任，我們應該將教育視為家長應盡的責任，就像那時一樣。這種講法，跟說聖經裏沒有叫政府立道路安全法一樣無稽。相較於聖經時代，現代政府的功能擴展延伸了許多；這不是因為政府越過了聖經給它的權限，而是因為現代社會的複雜性增加了不少。這同時也令到不同的、更民主的政府，比古代社會更可行、更可取。

因此，我們需要對政府有一個完全的歷史觀。政府的功能和形式，是人類生活高度變化的特色(按它們的性質，它們必須如此)。所以聖經不能為歷史所有時代的政治機關和政治方法，提供嚴格的標準。此外，承認這一點，並沒有與聖經對政府的觀念相違。創世記沒有像我們預期那樣，將政治權力的運用追溯至創造天地或人類墮落的時候，而是以對待人類文化歷史發展過程中的一些突發事情的態度，來描述政治權力之產生。政府就像城市（創四17）、音樂（創四21）和栽種葡萄（創九20）一樣——不是從天而降，而是完全出於人。舊約最普遍的作王方式產生的政府，由寧錄開始——「他為世上英雄之首」（創十8）。[1]聖經描述寧錄是一個獵戶（創十9），也描述他統治的國家不是攻打得來，而是殖民得來的（創十10～12）。這些描述很重要，因為它將寧錄的統治與人類統治地球的任務連在一起；這個任務是洪水之後，神交給挪亞的（創九1～7）。這個任務本身不一定是政治性的，但到了寧錄便取了政治的形式：他是獵戶，保護他的百姓免受野獸侵害（參創九2、5）；他也創建了一個殖民國，實踐神要他們遍滿全地的吩咐（創九1）。所以根據創世記，一個人作王管理整個社會，本來是一個完成神給人的任務的方法，就像寧錄在巴別的國所展示的（創十10；參創十一1～9）。但這未必是完成這個任務最好的方法。不過關於寧錄統治的功能有一點非常重要，是我們應該注意的，就是寧錄雖然是作王的開始，但他所做的**不**是舊約以色列人日後所認識的政府的功能。寧錄以獵戶留名後世（創十9），保存了一個人類極早期社會的回憶：王的一個特別職責是阻擋和消滅威脅他社羣的野獸。在舊約歷史的時代，王的這個原本功能以一個純粹日常生活的形式保存了下來：在埃及和美索不達米亞，狩獵是王喜愛的運動，不過王的這種狩獵活動，再沒有保護社羣生活的實際而重要的作用了。舊約時代的以色列政府到未有人居住的地方殖民，這殖民的功能也不再是現代政府的重要功能。所以，當寫創世記的時候，寧錄作王的功能已經不是編寫當時的王的功能。創世記描述政府由這一種形式開始，是承認了人類政府徹底的歷史特性，它的功能必須隨著人類社會的發展和改變而革新。合法的政府必須常常反映神給人類生活的旨意，像寧錄行出神給挪亞的吩咐一樣。因此，聖經所記神給人類生活的旨意，常常與此有關。然而政府**怎樣**反映神給人類生活的旨意，政治機關和政治方法可以**怎樣**合宜地推展這個旨意的某方面，則必須按不同的歷史情況而變化，也只有在每個新的歷史情況之下才能識別。

所以我們必須曉得，聖經裏的政治素材，包含了很多與我們的社會很不同的政治社會的故事，以及對這些社會所說的指示。有時我會懷疑，這是否構成一個較為現代的趨勢的部分原因，即很多基督徒脫離政治和社會現實的原因。要將聖經對個人道德的教導，從它當時的文化情況調較到我們的文化情況，是相對地容易做到的。但要使聖經的話適用於現代的政治生活，則需要更多想像力和更有創意的釋經。就算我們覺得是表面類同的情況，也可以是很有問題的。這體會是我在一間教會的家庭小組查經時所得的——當時以色列正入侵黎巴嫩，我們則一起查考約書亞記。

文化相對性留給我們的難題是，愈清楚應用於當時歷史背景的聖經素材，對我們情況的適切性似乎愈少。難道我們必須只以高度概括的特性來尋找聖經永恆的標準？這恐怕會遠離聖經的本質，並叫大部分的聖經內容都不能讓人應用。因為聖經所載的神的信息，是來自特定的歷史情況，藉著特定的歷史情況表達，也給特定歷史情況下的人。它的普遍性必須**在**它的特定性裏和**藉**著它的特定性尋找，而不是剝掉它的特定性，只保留它最核心的普遍性。所以合宜的做法應該是首先按當時文化的獨特性理解聖經的素材，然後視之為對我們時代的「範例」("paradigm"，由韋特〔Chris Wright〕提出[2]）或「類比」("analogy"，由杜瑪斯〔André Dumas〕提出[3]）。換句話說，聖經提供了神在特定的政治情況達成祂心意的範例，如此便可以幫助我們在別的情況中發現和實行祂的心意。**因為**這些範例很獨特，往往比非常概括的原則更能刺激我們思考和想像。舉例說，利未記十九章9至10節拾取穀物的律法，只適宜於簡單的農業社會。但假如我們留意到，這是非常適合當時社會的供應窮人的途徑，便能刺激我們思想適合我們社會的社會立法方式。當然，我們需要常常將這些範例，跟聖經裏的一般原則放在一起考慮。

不過，一般的原則是很概括性的，而聖經的範例也不能作為我們的模板。某程度來說，這給我們很大的自由，在聖靈的帶領下，自己找出如何在我們的政治生活中實踐神給人的生活目的。但這是一種反面的講法；正面的講法是，這樣能**啟發**我們的創意，思考我們今天的政治。

聖經的教導有文化獨特性，它是針對古代歷史的獨特情況的，這一點大家都承認。比較受爭議的，是聖經政治上的教導某程度受當時社會和政治的**背景**所影響的說法。但我覺得我們必須承認，這是聖經真正具人文性的一部分。舉例說，箴言的政治智慧強調既定社會秩序的穩定性(箴十九10，三十21～23)，以及對君主順從、不批評的態度(箴十六10～15，二十五3)，反映出它的觀點來自宮廷的圈子。這沒有令箴言成為錯誤的觀點，但卻是**局限**的觀點，因此要用其他的聖經教導來取得平衡。最少在這裏，箴言文化背景的相對作用，與它在聖經全部正典所佔地位的相對作用一致。我們很快便會再談到正典對釋經的重要性。

經文與文理及處境

最後，我們要談到在相關的文理及處境看經文，務求正確地了解經文的原則。我們無可避免地會主要集中於可以應用於所有解經的一般性原則，但我們也會緊記政治理解方面的獨特需要。

要以經文的文理及處境來判斷該段經文的意思；這是所有負責任的解經的重點。但文理及處境有幾方面的變化：

1. **語境**(linguistic context)：在最初寫成給人閱讀時，經文所處的文字學環境，人們如何解讀該字詞或俚語。
2. **當前經文的上文下理**(immediate literary context)：即一段經文所屬的篇章。(這些篇章通常是現在已經分好了的聖經書卷，例如馬可福音；但也可以是較小的篇章如一篇詩篇，也可以是較大的篇章如哥林多前、後書。)
3. **寬廣的文學範疇**(wider literary context)：該段經文所屬文學種類、慣例、典故等。

4.**文化處境**（cultural context）：孕育該段經文的社會狀況，包括政治、社會、經濟、宗教等。

5.**寬廣的歷史處境**（broad historical context）：對當時時事的認識，可能有助了解該段經文。

6.**當前的歷史處境**（immediate historical context）：作者的生活時代或他所屬的圈子，會引發經文的產生。

以上幾項是一段經文「原本」的處境，而經文就在這些處境下寫成。但一段經文在寫完之後會因不斷被人閱讀和評價而增加新的「處境」。就聖經經文來說，它原屬的文學類別被收進幾個較大的文學範圍中。舉例說，一篇詩篇可能本來只是一篇單獨的文學作品，但成了一個較小的詩集的一部分，然後再收集於我們現在的《詩篇》裏。在這個過程中，這篇詩歌可能會在收集時被修訂、加上題目，令它適用於聖殿之中。然後《詩篇》成了希伯來聖經正典的一部分，再成為基督教聖經的一部分。那一篇詩篇可能被新約的作者引用和詮釋。上述每一次擴大文學處境的舉動，都會影響它的意思。

這一篇詩篇一直被人閱讀和理解直到今天，因著歷史、文化、禮拜儀式和神學的處境都不斷在變，有一些改變還影響到我們如何解讀它。於是這一篇詩篇對我們的意義，便要看它原本的處境及文理（假如我們能留意到的話）、它在正典裏寬廣的文學範疇（假如我們覺得這些重要的話）、它可能影響我們理解的傳統處境（例如它在一個特定的神學傳統中的理解詮釋，或者它在禮拜儀式的傳統地位），以及我們解讀它時所處的當代處境。

至於這個當代處境，當然要看理解詮釋者跟他生活的世界的特定關係。

很明顯，一段經文在這些不同的新處境中被閱讀，意思必然會有所不同。它會失去某些在原本的處境中具有的意思(因為這部分的處境已經失去或被遺忘)，也會因為得到新的處境而增加新的意思層面。然而，理解詮釋的任務必須有一個先決條件，就是在與新的處境、新的意思層面互相影響時，要堅持和產生一個不變的(或至少是可以恢復的)核心意思。那些說經文原本的處境及文理，跟這段經文對我們現在的意義沒有多少關係的人，按邏輯來說，他們應該不查字典，並將希伯來文和希臘文聖經視為只是一些沒有意義的記號，他們可以按那些記號的形狀隨自己的意思賦予意義！語言的歷史性質規定，在尋找一段經文對我們的意義時，要給原本的處境及文理一個決定性的角色。反過來說，那些聲稱聖經經文只對它最初的讀者有合理的意義的人，他們需要記住，所有偉大的文學一直都是與它原本的處境一起傳遞下去，並在新的景況中產生新的適切性。

延伸意義

我們可以舉一個簡單的例子，說明一段聖經的經文如何獲取新的意思層面。神給人管理所有動物的權柄(創一26、28)。對最初的讀者來說，針對他們馴服、狩獵和飼養動物的行為，這個吩咐一定有阻止的意思。事實上，在舊約時代，那些想到創世記一章26節所講，人要管理所有動物這句話的人，一定會覺得是誇張式的話，因為在現實生活中，很多動物都不在人類的管理之下。（約伯記的作者〔伯三十九2～12〕所講的話證實了這一點。）按創世記本身的上文下理來理解，一章26節在挪亞與動物的關係中得到某種闡述；那是比舊約時代的人實際經驗到的管理更為深廣的。然後在希伯來文聖經中，詩篇八篇4至8節暗示，人管理所有動物的目的是榮耀神（「……人算甚麼，你竟顧念他？……你叫他比天使微小一點……」），那是讚美神的基礎；作者一定想到創世記一章26節。然後新約希伯來書二章8節將創世記這一節經文加上基督論的重要意義：耶穌就是能完全實現人管理一切受造之物的那一位。

人類現在對動物的管理，已經威脅到很多動物的生存。這兩個正典內的理解詮釋，很切合我們加於創世記一章26節新的延伸意義。創世記的作者不會想像得到我們會將這一節經文應用在這個新的情況。這不是扭曲原意，而是對經文的「核心」意義一種自然的延伸。事實上，這段沒有確定答案的經文，要到現代才真正成就了它的意思。現在我們終於可以說，世上很難再有一種動物能不受人類活動的影響。在這個新的情況中，人類在管理世界方面多了新的責任，例如保護瀕危的動物等。由於創世記一章26節最初的讀者受管理世界的實現程度所限，這是他們沒有的責任。但就在這個新的情況中，承接這段經文的原本意義產生了新的重要性，因為承接經文原意確保了「管理」指的是責任，不是剝奪或管轄神親自照顧祂的受造物的模式。叫我驚訝的是，挪亞有資格成為基督教環境保護者的模範，但他卻沒有如此行。

假如聖經的經文不是任憑我們喜歡怎麼解便怎麼解，我們便必須細心注意它原本的文理及處境，以及正典的文理及處境。但假如我們要它對我們有特別的意義，我們便必須同樣細心注意，我們理解詮釋它的時候所處的當代處境。

成為正典前的處境

「成為正典前的處境」這個詞組，比「原本的處境」更可取，因為就像上面所舉詩篇的例子，很多聖經的篇章在成為正典之前，其實經過了一連串的歷史處境。大部分的聖經材料首先都是以口傳的形式出現，或者經過幾個階段的文字編輯、修訂，才以今天的形式出現。「原本的處境」不一定常常可以發現得到，也不一定是我們理解一段經文最重要的條件。明白一篇詩篇本來是怎樣寫的，可能不會比明白它作為聖殿所收集的詩歌來得重要。一個很好的經驗法則（不過應用時也會有例外的情況），是以聖經書卷目前的形式作為釋經的基本處境，但假如書卷所包含的素材，它們之前的歷史（較早的處境），仍然對了解這些在書卷處境下的素材有重要的意義時，我們便不可掉以輕心。舉例說，舊約的先知書是根據先知所說的神諭搜集編纂而成，目的不是要對先知當代的人說話，而是對後來的讀者說。但這些先知所說的神諭，它們原本的處境的適切性，仍然保留在後來的處境中，因為這些先知所說的神諭，其本質令我們不能忽略它原本的處境；這些本質就是先知在說神的諭旨時，常會加上日期並說及可以追溯的歷史情況。

要按著一段經文成為正典前的處境來理解詮釋它，我們可以用著名的「歷史釋經法」(historical exegesis method)，且必須嚴格應用。一段經文的歷史意義必須是當時的讀者可以理解的意義，這個原則不能有例外。因為一段經文在所有新的處境中都能保持的「核心意義」，必須包含在這個歷史意義中。這個原則令我們從歷史釋經法中取得相對客觀的解釋任務，有不讓主觀地任意解釋出現的主要作用。一段經文日後可能取得的所有新的意義層面，必須與原讀者可以理解的意思一致，即是與這段經文成為正典前的處境中，讀者可以理解的意思一致。

因此，例如中古時期對路加福音二十二章38節所作的政治性釋經，說那兩把刀代表基督教教會和民事的權力，這說法是不能接受的，因為這段經文的這種意思，是原讀者沒有可能發現的。

正典的處境

對一段經文有**解釋權**的最終處境，是整本由正典組成的聖經。我們看聖經，不能只滿足於像最初的讀者所看到的一樣，卻必須要在整個聖經故事的處境中，看神怎樣對待祂的子民，以及聖經超然的神學和道德主題。這不是說要消除聖經中不同部分多樣化和獨特性的差別，使它們變得和諧，因為正典的處境不是要代替該段經文成為正典前的處境，而是補充和增加。這是説我們必須思想正典不同部分的相對重要性，並曉得聖經中的一些觀點會與其他觀點有些差距，甚至會被聖經中的其他觀點修正。這也是説，我們要體會到正典的統一性，有時會在正典的多樣性中，以辯證的姿態浮現。這需要我們常常將以下兩件事情放在互動的狀態上：在一段特定經文的基本處境中了解它，以及試圖從中找出一個充分利用全部正典的聖經神學。

當代處境

要將一段經文從我們當代世界的處境中理解詮釋，會涉及幾種危險。其中一種危險是操控經文以支持我們事先構成的想法或計劃。於政治上使用聖經，這常常是一種不知不覺的試探，因為聖經的權威有時可以是證明一種政策合理的有用資源，也因為我們一般很難對自己的政治態度作出自我批評。讓聖經挑戰和改變我們的政治態度，也許比我們想像中困難。

認真「聆聽」一段經文原本和正典的處境，是免除這種危險的一個方法。當然，歷史釋經絕不是**完全**客觀的，但盡力試圖找出歷史的客觀性，能使我們對經文不致有各種的誤用。認真注意經文在正典裏的位置也有同樣的作用。從意識形態上濫用羅馬書十三章1至7節以支持現況，可以用批評不義政權的經文來更正這觀念。研究理解詮釋的歷史也有幫助，因為歷史的距離能讓我們更容易察覺過去教會怎樣在政治上使用聖經，多於教會現在怎樣在政治上使用聖經。舉例說，在十九世紀，甚至著名的神學家何治（Charles Hodge）也用聖經來合理化奴隸制度。[4]這是一個對我們很有提醒作用的警告；尤其當理解詮釋者在解釋聖經時，發現會危及本身階層或自己國家的利益，那便更要小心在意。

注意與我們政治和經濟環境不同的人怎樣釋經，也可以抵消因我們自身利益的影響而出現盲點的危險。美國黑奴看聖經，跟他們的主人所領受的會很不同。今天，我們要聆聽第三世界的解放神學，也要努力傾聽，聖經對處於壓制基督徒的政權下，受到迫害的基督徒發出怎樣的聲音。當然，我們必須曉得，對聖經作革命式的詮釋，跟那些掌權者怎樣詮釋聖經，可能都只是意識形態的分別。正如女權主義者和愛國主義者詮釋聖經也可以只是意識形態的問題。但我們有責任聆聽任何說聖經被誤用而對他們不利的人，也要聆聽那些付上昂貴代價，將詮釋聖經與作基督門徒緊密相連的人。

這一切都提醒我們，到最後，將聖經置於處境中作研究的工作，是全教會的工作。這工作必須在不同文化、不同環境，以及不同基督教傳統的基督徒的互相對話中進行。他們的這些不同，能使他們警覺自己遺漏了的聖經層面。關於基督教現在於特定的文化中應該有不同的形式，已經有很多人將此置於處境上來討論。這當然是重要的；但當最緊急的政治問題是影響全球的國際問題，我們在政治上使用聖經時，便需要反映出普世教會的思想。

另一個危險是太簡單地將聖經應用於當代的情況。有兩個消除危險的方法。首先，是按著歷史的處境細心研究，這樣會提醒我們，這處境跟現代處境真正的不同之處。其次，我們愈清楚聖經的處境怎樣與當時實際的社會結構和經濟狀況相關聯，我們愈能看見，假如我們要找出聖經對我們當代世界的適切性，我們便要認真地分析我們當代的世界。關心社會公義的基督徒常常以為，只要將阿摩司對公元前八世紀以色列的批評稍加修訂，便能應用於我們的社會。但這只是低等的適切性，它常常令我們逃避對社會的真正罪惡作出合理分析，也避開了先知對此的啟發。

這最後的一個觀察推動我們注意到，聖經今天的意義，不能從正確地使用一套釋經原則而自動得到。這需要理解詮釋者在啟發、想像和批評判斷方面有好的素質，以及對當代社會具專家的識見，也需要聖靈的引導。聖靈不但啟示經文的文字，也啟示經文在處境中的意思，因此在經文和它不斷改變的處境的連接上，聖靈仍是活躍的。

第二章

為人而設的聖潔：

利未記十九章

利未記十九章

1 耶和華對摩西說：2「你曉諭以色列全會眾
說：你們要聖潔，因為我耶和華你們的神是聖潔
的。3 你們各人都當孝敬父母，也要守我的安息
日。我是耶和華你們的神。4 你們不可偏向虛無
的神，也不可為自己鑄造神像。我是耶和華你們
的神。

5「你們獻平安祭給耶和華的時候，要獻得可
蒙悅納。6 這祭物要在獻的那一天和第二天吃，
若有剩到第三天的，就必用火焚燒。7 第三天若
再吃，這就為可憎惡的，必不蒙悅納。8 凡吃的
人必擔當他的罪孽；因為他褻瀆了耶和華的聖物，
那人必從民中剪除。

9「在你們的地收割莊稼，不可割盡田角，也
不可拾取所遺落的。10 不可摘盡葡萄園的果子，
也不可拾取葡萄園所掉的果子；要留給窮人和寄
居的。我是耶和華你們的神。

11「你們不可偷盜，不可欺騙，也不可彼此
說謊。12 不可指著我的名起假誓，褻瀆你神的名。
我是耶和華。

13「不可欺壓你的鄰舍，也不可搶奪他的物。
雇工人的工價，不可在你那裏過夜，留到早晨。
14 不可咒罵聾子，也不可將絆腳石放在瞎子面前，
只要敬畏你的神。我是耶和華。

15「你們施行審判，不可行不義；不可偏護
窮人，也不可重看有勢力的人，只要按著公義審

判你的鄰舍。[16] 不可在民中往來搬弄是非，也不
可與鄰舍為敵，置之於死（原文是流他的血）。我
是耶和華。

[17]「不可心裏恨你的弟兄；總要指摘你的鄰
舍，免得因他擔罪。[18] 不可報仇，也不可埋怨你
本國的子民，卻要愛人如己。我是耶和華。

[19]「你們要守我的律例。不可叫你的牲畜與
異類配合；不可用兩樣攙雜的種種你的地，也不
可用兩樣攙雜的料做衣服穿在身上。

[20]「婢女許配了丈夫，還沒有被贖、得釋放，
人若與她行淫，二人要受刑罰，卻不把他們治死，
因為婢女還沒有得自由。[21] 那人要把贖愆祭，就
是一隻公綿羊牽到會幕門口、耶和華面前。[22] 祭
司要用贖愆祭的羊在耶和華面前贖他所犯的罪，
他的罪就必蒙赦免。

[23]「你們到了迦南地，栽種各樣結果子的樹
木，就要以所結的果子如未受割禮的一樣。三年
之久，你們要以這些果子，如未受割禮的，是不
可吃的。[24] 但第四年所結的果子全要成為聖，用
以讚美耶和華。[25] 第五年，你們要吃那樹上的果
子，好叫樹給你們結果子更多。我是耶和華你們
的神。

[26]「你們不可吃帶血的物；不可用法術，也
不可觀兆。[27] 頭的周圍（或譯：兩鬢）不可剃，鬍
鬚的周圍也不可損壞。[28] 不可為死人用刀劃身，
也不可在身上刺花紋。我是耶和華。

29「不可辱沒你的女兒，使她為娼妓，恐怕
地上的人專向淫亂，地就滿了大惡。30 你們要守
我的安息日，敬我的聖所。我是耶和華。

31「不可偏向那些交鬼的和行巫術的；不可
求問他們，以致被他們玷污了。我是耶和華你們
的神。

32「在白髮的人面前，你要站起來；也要尊
敬老人，又要敬畏你的神。我是耶和華。

33「若有外人在你們國中和你同居，就不可
欺負他。34 和你們同居的外人，你們要看他如本
地人一樣，並要愛他如己，因為你們在埃及地也
作過寄居的。我是耶和華你們的神。

35「你們施行審判，不可行不義；在尺、秤、
升、斗上也是如此。36 要用公道天平、公道法碼、
公道升斗、公道秤。我是耶和華你們的神，曾把
你們從埃及地領出來的。

37「你們要謹守遵行我一切的律例典章。我
是耶和華。」

前言

很多舊約律法對現代政治適切性的問題，都可以在利未記十九章找到範例。儘管一般讀者未必一眼便能辨識，但這一章在利未記佔很特別的位置。我們會注意到，那些在利未記其他章節佔了很多篇幅，有關獻祭和其他敬拜事宜的關注，在這章雖不是絲毫不提，但卻沒有其

他章節那麼突出，這是毫無疑問的。不過我們同時也會覺得，這一章好像隨意搜集一些拉雜的誡命，從普遍的誡命到與它十分不相稱的特別誡命都有。說到現代適切性，當看到13至18節時，我們可能會覺得很明顯和直接。但很快我們便不得不停下來思考，因為接下來所講的很不一樣：18節說的是愛人如己的吩咐，19節立刻改為禁止將不同的東西攙雜，然後20至22節是和已經許配了丈夫的婢女行淫的罰則；這最後一個情況不但與我們的文化相違，而且亦很難明白其中的法律理念。

原則和例子

這一章的關鍵是2節所作的引言：「你們要聖潔，因為我耶和華你們的神是聖潔的」，以及在大部分律法和37節的摘要總結之後，一再重複的話：「我是耶和華你們的神」，或者「我是耶和華」(3、4、10、11、14、16、18、25、28、30、31、32、34、36節)。2節的引言成了利未記神學的一句警句(參利十一44～45，二十26)，當中指以色列人是與神立約的子民，被約束在一種聖潔的特別關係之內。基本上，成為聖潔的意思是分別出來。神向自己起誓(在一種特別的意義下)作以色列人的神，因此，以色列人是從萬國中分別出來作神的子民的(聖潔這一方面的意思，請參利二十26)。2節的前言可以直譯為：「你們要成為我的子民，單屬於我；因為我作你們的神，只作你們的。」[1] 神將以色列歸給自己；以色列人有與神立約的子民的獨特身分，被神呼召出來活出歸給神的生活。於是一再重複的這句話：「我是耶和華你們的神」所表達的意思，便成了所有律法的重點，表明這些律法是與他們立約的神吩咐祂的子民遵守的（這句一再重複的話的重要性，請特別參看利二十二31～33）。

這樣說來，利未記十九章的主題便是神子民的聖潔；他們整個生命都要與屬神子民的身分相稱。雖然利未記本身沒有將這種聖潔分開，但我們可以將它分為敬拜的聖潔和道德的聖潔。前者是叫大多數人都感到奇怪的觀念，包括為神分別出來的時間日期、地方和物件（5～8、23～25、30節）；後者在這裏列舉了對社會提供的愛和公義。由於這一章要表明以色列人整體生命的特色是聖潔，因此它有這麼多拉雜的事情。在一些普遍的原則（例如11上、18下、30節）之外，也有一些非常特定的例子（20～22、27～28節），作為以色列人整個生命都要活出聖潔的**範例**。換言之，看來像是隨機抽樣的元素，其實是很有代表性的。利未記其他各章對聖潔的各方面有更詳盡的解釋，這裏只以特別的實例作代表：獻祭（5～8節）、律法的案例（20～23節）、節期（3下、30上節）和對神的經濟責任（23～25節）。這一章主要講的是社會道德（9～18、32～36節），有普遍的原則和詳細的範例；而社會道德則交織在以色列人生活的每一個層面都要聖潔的圖畫中。

這一章另一個值得注意的普遍特色，是它與十誡的關係。十誡幾乎全都在利未記十九章以某種形式出現：[2]

第一誡　4節上

第二誡　4節

第三誡　12節

第四誡　3節下、30節

第五誡　3節上

第六誡　參16節下

第七誡　參20至22節

第八誡　11節上、13節、35至36節

第九誡　16節

第十誡

當中有些經文跟十誡的文字很接近，而另一些則只是十誡所涵蓋的題目的一個例子。因此16節下雖然也是重要的誡命，但只提到殺人的一種方式：以虛假的指控叫敵人受審判、定死罪。性侵犯的事情在利未記別處有很詳盡的處理，這裏只以20至22節的個案作代表，那是以法律字眼和道德字眼為姦淫下定義的問題的例子。利未記十九章中，只有關於貪婪的第十誡完全沒有舉例。相較於前九誡，這個誡命的特性是針對動機多於行動，在17至18節亦有與此特性相對應的經文。

利未記十九章與十誡的關係，表明了十誡將全部律法的中心普遍原則具體化。十誡的普遍原則在這裏既明顯地以具體的原則出現(例如11節上)，也含蓄地隱藏在特定的應用原則背後(例如35～36節)。此外，十誡本身也像利未記十九章一樣，涵蓋了範圍很廣的事情：宗教責任、敬拜的聖潔、社會和家庭倫理等等。

知道律法依著普遍的原則而行是很重要的；這些原則有時說得很明顯，但在一些特定的誡命又很含蓄。利未記十九章包含了十誡以外的其他普遍原則。愛人如己的誡命(18下、34節)是一個很普遍的原則，說得很明顯，我們以後會再說。而一個隱晦的普遍原則就是要特別關注被剝奪權利的人；這是在特定的誡命（9～10、13下、14、33～34節），以及舊約律法其他很多部分背後隱藏的原則。另一個原則是禁止他們行迦南人的宗教習俗，這在利未記二十章23節說得很分明，也在這章的26至29節和31節的特定誡命中暗示了。界定普遍的原則是很重要的，因為律法真正的目的是要反複灌輸普遍的原則和價值觀給百姓，教導他們在特定的情況下應用。要達到這個目的，要用特定的例子作範例，說明普遍的原則怎樣可以應用在特定的情況中。這個方法，從形式上來說，跟耶穌的登山寶訓沒有兩樣。舉例說，「不要與惡人作對」這個普遍的原則（太五39上），有一個特定的例子說明它的意思（太五39下～42）。耶穌有意選擇極端的例子來說明祂的論點，這與舊約律法有些分別，但兩者相同之處是它們都具指引性。它們兩者都用特定的例子作**範例**，因為沒有這些例子，百姓便永不能曉得普遍的原則怎樣應用於特定的情況。耶穌的教訓和律法的分別，不是律法規定了生活的所有細節，而耶穌只給予道德的普遍原則。律法所講的，沒有超過耶穌所講的，只不過律法提供詳盡無遺的規則，以應付所有特定情況。它提供了大量特定的規條，但它們仍然只是一些**範例**，目的是教導百姓律法的精神，好讓他們從類比中學會怎樣在律法沒有提及的情況中處事。

到目前為止，我們只從宗教責任、敬拜規則和社會道德幾方面談過律法，沒有談過以司法及在法庭上執行為目標的律法。這一類為指定的案件定刑罰的律法，在利未記十九章只有20至22節作代表，而當中也牽涉到敬拜的行動（獻祭）。在12節和15至16節，我們可以看到法庭的影子，但這幾節本身不是給法庭執行的司法方面的律法，它們是給審判官和原告在法律訴訟中，應該怎樣自處的倫理規範。因此這一章所關注的，是表明秉公行義，作為以色列人生活的一部分，是神要求祂子民聖潔的暗示。然而，這一章本身不是給法庭執行的法典。為了進一步表明這一點，我們應該注意這一章包含了犯法行為；它很明顯提到偷竊（11、13節），這種罪肯定應該在法庭受審和判刑。然而這一章只以道德勸告的方式處理，沒有以法庭所用的律法形式處理。我們只需參看出埃及記二十二章1至8節關於偷竊個案的律法，與此作一比較，便會看見當中的分別。至於利未記十九章禁止的一些行動（9～10節、13節下），雖然看來不大可能會遭到法庭的判罰，但我們不能確定。無論怎樣也好，以這一章的目的來說，與我們立約的神的權柄（從「我是耶和華」這個句式中可以看出），已經有足夠的約束力。

摩西五經的其他地方當然包括了很多刑事和民事的律法，可以在法庭中施行以行出公義。但我們需要觀察兩件事情。首先，它們包藏在處境之中，這處境包括跟這些律法一起的道德規勸、普遍的道德原則和敬拜規則等等。第二，它們不足以成為法典，給審判官作日常諮詢。它們只是律法的**例子**，不是詳盡的法律專集。因此，司法的律法在整個舊約律法中的位置，跟利未記十九章20至22節在整章的位置沒有兩樣。無論是整個舊約的律法，或者它特定的部分，都不應視為在法庭中使用的法律。相反，律法的目的是要教導神的百姓按著神的旨意，在他們整個生命中作祂的子民，以及創造和培育社羣的良心。律法指導全體百姓社會秩序方面的價值觀和原則，而這些指導的一部分，包括應該在法庭執行的那種律法的具代表性例子。這些可以視為審判官和全體百姓法律思想的「操練」。假如他們熟習這些律法的範例，他們便能學會如何在特定的訴訟中應用神律法的普遍原則。[3]

舊約律法與現代社會

在思想舊約律法對現代政治社會有甚麼適切性時，利未記十九章清楚顯示了很重要的一點；我們要記住：律法的目的是促進與神立約的百姓在生活的各方面都聖潔。律法所關注的，不是要突出神給祂百姓的旨意中，哪些與法律的執行和政治行動有關，而哪些與這兩方面沒有關係。敬拜的責任、社會道德、個人道德和司法的律法沒有規則地混在一起，而律法首要關注的，是百姓要在整個生活中都順服神。換句話說，律法是對一個神治社會講的：這個社會既是一個宗教社羣，也是一個政治實體。回想起來，我們可能曾經企圖區別不同類型的律法，但要作這種區別很不容易。傳統基督教將舊約律法分為禮儀、民事和道德幾部分，這只有有限的用處。其中一個用處是，它讓基督徒正確地認識到敬拜中牽涉聖潔方面的律法（在律法上指明聖潔、清潔，與不潔的分別），已經被新約取代、淘汰，且一貫地將這些觀念轉化為道德聖潔的事情。但這不是說舊約律法的敬拜條文，常常可以簡單地跟律法的其他方面分開；利未記十九章20至22節的民事律法，跟敬拜的常規是分不開的。

將律法區分為道德律法和民事律法的傳統分法有更多問題。我們已經講過，律法所關注的是社會道德的廣泛原則，以及展示了這些原則的特定應用。這些特定的例子，包括可以在法庭執行的律法，以及道德的規勸。利未記十九章9至10節不是司法律法的形式，我們可以估計它們一般不會在法庭執行。但反過來說，任何一個地區的長老都有權選擇將這兩節視為法律條文來執行。無論怎樣也好，這些律法有社會風俗作後盾，在古代以色列那樣細小、緊密的社區中，是能夠收到很好的果效的。在這樣一個社會，他們有共同的宗教信仰；為社會所不容或被社會排擠，可以等同被法律制裁那麼嚴重。因此，堅持說這些經文是為個人的福利，而不是為全民的福祉而設(或者相反)，是一種落伍過時的二分法。此外，正如這兩節經文的例子所顯明的，區分道德法律和民事法律，幾乎不能幫助我們解決現代適切性的問題。無論我們視利未記十九章9至10節是道德法律還是民事法律，它們都是**在特定文化之下的**律法。這兩節經文，對古代以色列經濟環境中的窮人是很有效用的條文，但對現代國家卻效用不大。例如現代英國，一來大多數人不是農夫，二來大部分窮人都住在城裏，容許他們於鄉間撿拾零碎食物，對他們幫助不大。這個律法對我們的適切性，只有在辨識可以有效發揮它的原則中才能發現。這些原則中有多少能夠或者應該在我們社會的法例中體現，而不只是純粹出於自願的社會道德，是我們要在我們自己社會的具體環境中決定的。企圖將古代以色列的道德法律和民事法律加以區別，不能幫助我們作這樣的決定。

然而，決定尋找普遍的原則仍然未能解決應用的問題。我們會繼續以利未記十九章9至10節作例子。窮人拾取散落地上的穀物的權利，無疑不是律法所定，而是自古已有、為律法所接受和批准的風俗。律法所關注的，是保護這個權利的價值，不讓以自己利益為重的農夫企圖儘量不留下散落地上的穀物給窮人拾取。這個關注可以看出兩個來自律法的廣泛原則。其中一個原則是需要供應那些自己沒有經濟來源的人（參出二十三10～11；申十四28～29，二十三24～25）。這是利未記十九章18節下，「要愛人如己」這個最普遍的社會原則的暗示。假如別人該當得到的照顧，應該和我們給予自己的照顧一樣，那些無法維生的人，便有權得到有維生途徑的人所剩餘的一些。在農業社會，一般來說每一家都有地，那些沒有地的少數人，有權得到有地的人的一些出產。但這裏還有第二個原則：擁有土地的以色列人，其實只是住在屬神的土地上的寄居者（利二十五23）。神將地給祂的百姓，是為了要供給所有的人，因此地主個人對他地裏的出產沒有絕對的權利。他供應窮人的責任，是他承認他只是託管神的土地的結果。是這個以色列人與神立約的關係的宗教原則，令以色列人有權擁有土地；使大眾與照顧沒有土地者的責任緊密相連，令土地私有化可以接受。[4] 利未記十九章9至10節的律法，在二十三章22節，那祭祠的節期的律法處境中重述，我們因此可以更清楚看到這一點。在那裏，拾取零碎穀物的律法出現在節期的規矩之後；那是以色列人其中一個收割的季節——收割麥子的五旬節。在節期中對神感恩鳴謝，知道土地和地上的出產都是神所賜的，令他們發現，讓窮人拾取零碎穀物是他們表達感恩的另一個必要的表達方式。

因此，試圖辨識普遍的原則將我們帶回律法整全的本質；這個本質就是宗教和社會不能分開，並且一切都根源於以色列人與他們的神的關係。假如以色列如律法所設想般，在某程度來説成為神要她成為的楷模社會，那似乎是指向一種神治的社會，當中宗教羣體和政治羣體會混為一體。但我們從以色列人的歷史並基督教世界的歷史知道，神治社會的理想，每每在應用時都違背了自己。這個理想陷於一種張力之中：神治社會要求的高度自願的宗教虔誠(亦是舊約律法一向所要求的)，與成為政治社會一員的非自願性的本質之間的張力。這種張力，只有在末世神的國降臨時才可以解決；在神的國裏，律法所指向的神治社會的理想將會完全實現。在舊約以色列和末世神的國之間，神的國只能預期在兩種不同形式的社會中局部地出現：教會與國家。因為教會是自願性而非政治性的羣體，應該比舊約的以色列人與神有**更**完全的關係，更能活出神在宗教和道德方面的要求。這會令基督徒以一種社會形式生活，而不是以政治實體的形式生活。因此，正如律法所設想的，以色列必須符合為**教會**提供一個榜樣的程度：教會則沒有實現這個榜樣的特定政治元素。反過來說，舊約律法所表達人類在政治社會生活的標準，某程度來說可以在其他政治社會實現。但這個實現是基於一個事實：任何一個政治社會，就算受聖經信仰的影響有多深，都不能夠表現出律法所要求的，那種對以色列的神全心委身的政治社會。

這樣，我們便有一幅頗為複雜的圖畫：從古代以色列到將來神的國，舊約律法和我們在救恩歷史的位置，一直都是最重要的。假如離開了這個位置，舊約律法對我們的適切性便無從知曉。舊約律法設想一個屬神的百姓活出聖潔生活的政治社會，直指將來的國度；那時，這樣的社會便會全然實現。但它企圖預期在古代的近東社會出現這個理想社會，這不但需要文化獨特性，也需要妥協。新約教會作為沒有特定政治身分的國際羣體，既與舊約以色列相連，也與之相離。教會像以色列一樣，是被神呼召出來的聖潔子民，要在生活的各方面都歸神為聖。所以利未記十九章2節的格言，在彼得前書一章15至16節應用在教會身上。教會要在普世的公開性和徹底聖潔的心志方面，儘量接近末世國度的理想。教會能夠這樣做，完全因為它不是一個政治實體，因此它必須常常抗拒成為一個政治實體的試探。同時，教會要在身處的政治社會中見證及委身予神的國，必須包括試圖以作為政治社會的角度來了解神的國在這些社會中的價值。像舊約律法一樣，這試圖牽涉文化的獨特性和妥協。但不同的是，它的前設和它的目的一定不能是神治社會。教會跟隨律法的地方，包括作為神子民的生活，以及基督徒的政治活動。舊約律法對這些都可以有高度的指引性，但不能成為直接的指令。舊約律法的適切性需要在每個情況細心衡量。

舊約律法整全的性質令它不能簡單地應用於現代這世俗、多元主義的社會裏。但這種整全的特性本身含有一個重要的提醒，就是制定結構、政治活動和制定法律不能脫離政治社會共有的價值。政治措施和司法律例假設和表達了道德價值。它們也許在構成社會一般接納的價值上有一定的角色，但卻不能超過羣眾接受的標準很遠，並且常常得看它們在其他影響道德風氣的媒介的有效性。大多數時間人們都遵守大部分的法律，這不單是因為人民害怕刑罰，而是他們覺得法律是對的，並覺得某程度他們有遵守法律的道德責任。因此，舊約律法務求教育百姓社會標準和道德，形成民族的良心，並在這寬廣的處境中為司法的律法建立例子，所用的策略對現代社會並非沒有適切性的。然而，在多元主義社會，這種策略需要的先決條件引起了很多實踐上的困難，而且最重要的問題是：多元主義社會無法透過委身於共同的宗教或非宗教的活動中體現終極的價值，因而不能找到共同的價值觀。

最後是說教會的政治適切性，它不是只在特定的政治活動中才能找到。教會在自己的生活中，作為一個羣體以及羣體中的一員，在教會以外的社會扮演應該擔任的所有角色，嘗試活出神國的價值，便會在數不盡的各方面大大影響社會的價值風氣。寫〈「足夠」的聖經神學〉的約翰泰勒(John V. Taylor)，找到拾取散落穀物的律法所作的示範作用：「我們要做到的一種生活方式，是神所呼召出來的少數人，要在世界上為多數人作生活的標準。這是這一個古老的希伯來生活方式對我們的意義。」[5]

尊敬老年人

為了看見利未記十九章那持續的適切性，我們選了32節：「在白髮的人面前，你要站起來；也要尊敬老人，又要敬畏你的神。我是耶和華。」作為例子。這是新約沒有提到的社會倫理，這也是新約以舊約為前設，而不是要取代它的例子。

尊敬老年人，是十誡中第五誡在更寬廣的社會範疇的延伸。(第五誡吩咐我們要孝敬父母，這在利未記十九章3節上也出現。) 我們必須注意到，普遍來說，尊敬父母和老年人在古代以色列有更多的社會功能，但在我們的社會卻沒有。年紀帶來家族和地方社區中的權力；家族的首領可以對他所有的子孫 (包括已婚的兒子和他們的家庭)，運用法律的權力以發揮功能。在現代社會，這種功能已交由國家去發揮。申命記二十一章18至21節所描述，對不受管教的兒子的嚴厲懲治，要從以下的處境去理解：兒子對父母的冒犯，會被視為對社區權力結構的威脅，所以民事法便要介入以維持家庭內的權柄。而在家庭的範圍之外，作為地區公會和法院成員的「長老」，是名副其實「家長中的老者」——因為年紀夠老而在社區中擔任公職的家長。因此在古代以色列，尊敬老年人的部分原因，是出於尊敬他們在那個社會中作為法律和政府的中介者。

假如利未記十九章32節的意思就只有這麼多，我們便可以說它對我們的社會沒有適切性。但「敬畏你的神」這個命令，在14節禁止欺負殘疾人士的吩咐中也有出現(另參利二十五17、36、43)，它指出32節的重點是要尊敬太容易受人輕視的老年人。他們包括那些在身心方面都衰退、無力運用權力的人，以及那些過了能對社會作出貢獻的年紀的人。以色列人覺得老年人相對地「無用」，利未記二十七章1至7節給我們很有趣的啟示。不同年齡和性別的人所被估定的價值，是假設他們在市場上被賣為奴隸的價值，以反映出他們在生產勞動力方面，一般估計的有用程度。[6] 六十歲以上的人比正當盛年的人價值少得多。因此輕視老年人是一個真正的試探，因為他們已經失去了他們的經濟價值，並且需要年輕人供養(參賽三5；彌七6；箴三十17)。箴言二十八章24節所指的，是那些認為未經允許而取去他們要靠人供養的父母的財物並不算是偷竊的人。

故此以色列人兩代之間的關係，跟任何社會中的兩代關係一樣複雜。假如老年人可以得享在社區中有權柄的尊嚴，並且因他們的智慧而受尊重(伯十五7～10，三十二6～7)，正如在大多數傳統社會所表現出來的特性一樣的話，他們同樣也會因軟弱和衰老，被年輕人蔑視和惡待。

老年人佔我們社會人口愈來愈大的部分，他們更需要我們尊敬，這毋需多說。**社會對老年人的尊敬**，可以在各種政治措施中執行：退休金、醫療保健、社會服務，以及鼓勵他們作義工等。就以退休金來說，這不但應該作為他們工作時對社會所作貢獻的回報，也應該作為很多退休人士仍然對社會有所貢獻的回報。我們需要在社會中強調這一點，因為我們的社會傾向於過分著重支薪的工作，而不著重對社會所作不支薪的貢獻，好像家務、教養子女和對社會的義務服務等。由於愈來愈多人提早退休，也愈來愈多仍然健康、活躍的退休人士，我們需要花更多心思，給這些退休人士發掘他們在社會中的角色。在以色列人以家族或家庭為單位的經濟中，他們覺得給老年人適合他們的不同任務是很自然的事。我們的社會也應該為老年人提供這些職務，但我們沒有，因為我們的社會有一個傾向，叫老年人遠離社會的主要活動。即使在一個急速轉變的社會，年輕人很容易以為自己比長者們更明白當世的事情，但老年人一輩子的經驗，有很多是他們可以學習的地方。

然而，不但有用的人配受尊敬，我們的社會也必須尊敬由於身體軟弱，或者因衰老痴呆而變得無助的人(隨著人類的壽命愈來愈長，這個現象愈來愈多)。對那些將生活大部分時間照顧既麻煩又苛求的年長親屬的人來說，要對長者有這樣一份尊敬，實在很不容易。所以社會必須對那些在家裏照顧長者的人，給予財務和其他的幫助，並為其他老年人提供護老院照顧。即使在以色列這樣一個各親屬家庭一般住得很接近的社會，利未記十九章32節仍然吩咐他們，不但子女要尊敬父母，整個社會對老年人都要尊重。

可是，這一類的政治行動，不足以解決在我們社會中，廣泛地對老年人忽略和輕視的問題。當中有很多獨居的老年人從來沒有人探訪；當中有很多老年人受兒童和年輕人的惡意嘲笑奚落；當中有很多老年人住在令他們擔驚受怕的居住環境之中。只有當尊敬老年人再次成為社會普遍接受的價值觀，這個更深廣的問題才可以解決。我們不但需要法律和慈善團體的方法，也需要利未記十九章的策略：道德教育或者培育價值觀[7]（道德教育這個詞組可能會令人覺得只有狹義的意思，誤以為只在學校裏教導，所以我們加上後者）。尊敬老年人，跟我們社會中以年輕人為中心的價值觀有所衝突，也跟由商業利益鼓吹，追求一種虛假的追上潮流的同時代性（up-to-the-minute contemporaneity）所有衝突。尊敬老年人，需要努力推動。我們得承認，在一個多元化社會培育共同價值觀的任務，跟在以色列的神治社會很不同，但它也有自己的機會。在亞洲社區的文化價值觀之中，尊敬老年人有很顯著和重要的位置。當亞洲人與世俗的英國人接觸時，我們盼望他們會幫助英國人推廣這種風氣，而不是看到這種文化價值觀被消磨掉。假如教會不能夠也去幫助推廣尊敬老年人，那真是太丟人了。

姦淫在甚麼時候不算姦淫

假如我們說所有的舊約律法都像利未記十九章32節那樣，可以應用在現代社會，便有誤導之嫌。我們現在看一個不同的例子，就是20至22節：

> 婢女許配了丈夫，還沒有被贖、得釋放，人若與她行淫，便必須賠償所損毀的。[8]不可把他們治

死，因為婢女還沒有得自由。那人要把贖愆祭，就是一隻公綿羊牽到會幕門口、耶和華面前。因他所犯的罪，祭司要用補償祭的羊在耶和華面前為他求補贖，他的罪就必蒙赦免。[9]

由於我們很少會想到要應用這條律法，所以，除非我們能察驗出當中的法律思想，否則它對我們不會有甚麼意義。[10]這條律法設想了一個問題的情況：假如當中的女人不是奴隸，這便是一個姦淫的個案。這個女奴已經許配了丈夫，對律法的本意來説，一個許配了丈夫的女人會被人當作一個已婚婦人一樣看待。假如一個男人經一個許配了丈夫的女人同意，與她發生性行為，他們都可以因此被判死刑（申二十二23～24），像其他姦淫的個案一樣（利二十10）。[11]可是，在這個案中的女人是一名奴隸；她快要得到自由，為的是以自由的人的身分嫁人，但她還沒有這樣做。奴隸是主人的財產。她不能成為任何人的妻子，純粹按法律判斷，她只是一個姘頭。跟她發生姦淫，在定義上是不可能成立的。這個案的問題在於她在法律方面的模糊身分：她許配了丈夫，但仍然是一個奴隸。

這裏給我們的法則是，單以法律的刑責來説，這個案不算姦淫，所以死刑不適用於女奴和她的情人身上。這情人卻必須要給她主人破壞財物的賠償，因為他確實減低了主人財物的價值。（請比較出埃及記二十二章17節，一個未婚女子的情人必須給她父親所作的賠償。）女奴和情人得免死刑，看來似乎是仁慈，但免去死刑的**原因**不是出於仁慈，而是因為律法視這個女子為一件動產、一名奴隸，而不是一個有法律地位的人。

不過這個案的邊際性説明，律法不滿足於對奴隸主人的財務賠償，因而吩咐犯錯誤者要以「補償祭」(一般譯為「贖愆祭」) 的形式，**向**神作賠償。這是利未記五章14節至六章7節所吩咐，對干犯神的聖潔應該用以贖罪的一種祭。初看之下，似乎我們所講的個案，可與利未記六章1至7節所講，有關財物破壞的個案作比較。但後者不是搶佔他人財物的簡單個案，否則便毋須獻上補償祭。這些個案包括奉神的名起假誓(利六3、5)，因此干犯神的聖潔。[12] 所以我們所講的個案，不是因為牽涉財物破壞而要獻補償祭。相反，是因為這個案可以論證為姦淫。在以色列，姦淫是一種罪愆，違反神與以色列所立之約中一條重要的律法(出二十14)，得罪與他們立約的神，因此可以判以死刑。今天，這個案可以論證為不是姦淫，因此不能判以死刑。但另一方面，由於它也**曾**論證為姦淫，因此經文吩咐要向神付上一種形式的補償祭，就如人干犯嚴重的罪冒犯神一樣。[13]

讀者們可能會以為，經文吩咐犯罪者獻祭，是因為雖然社會視這個女子為奴隸，但在神眼中她是一個人。然而經文所説的不是這一點。經文要求犯罪者獻祭，不是因為**任何**奴隸在神眼中都是人，而只是因為**這個**女奴已經許配了丈夫。這個在法律上的尷尬身分，令這個案不能清晰界定為姦淫或不是姦淫。

這條律法跟古代近東的常規法典的法律推論，兩者之間分別只有一方面，就是以色列人必須視姦淫為違反與神所立的約。[14] 但在他們對奴隸在法律上的含義的理解，則這一條律法跟非以色列的現代法律沒有分別。舊約律法的其他方面，的確有考慮減少奴隸受欺壓的情況，因此我們甚至可以說，律法在接納當時設立的奴隸制度的同時，也在減弱它。在以色列，奴隸擁有在別處所無的法律權利。[15] 可是，我們也必須記住，我們所提過的律法也告訴我們，在以色列人的律法中，奴隸肯定沒有跟自由的男女同等的身分地位。[16] 雖然律法沒有一貫地把奴隸視為一件有形的財產，但在這個案中所運用的律法原則中，她們不是有法律地位的人，而只是一件財物。

我們很自然會覺得這不能接受。重點不在於我們譴責這一條律法的影響，認為它沒有對奴隸的不利情況發揮作用(假如我們認為奴隸制度是理所當然)。重點反而在於這條律法所隱含的**原則**——奴隸沒有與自由男女同等的法律地位。我們不接受的，是這個隱含的原則。換言之，無論按著這個原則運作的奴隸制度有多人道，我們都不接受。

「以色列人的律法像任何一種律法一樣，必須從它自己的人民開始。」[17] 舊約律法的特色，是吸納了很多鄰近國家的法律原則和做法。其中一樣是奴隸制度，這是古代近東社會的普遍現象。他們雖然吸收這些法律原則和做法，但很大程度上，受他們與神所立的約的原則所影響，但這影響卻不完全。他們將奴隸制度減弱了，但沒有廢除。**我們**可以看見，與聖經所描述的神的基本意旨不協調的原則和做法，頑固地留在神部分的律法之內。將明顯是以色列人的原則和做法，跟以色列鄰邦的一般原則和做法分別開來，並不能讓我們辨識律法中理想與妥協的部分。律法中很多很好的特色，諸如關心下層社會的人，是其他社會的律法所共有的。[18]相反，我們要以聖經啟示神旨意的整個核心，來衡量舊約的律法。我們會在第七章看奴隸制度與神的基本意旨怎麼不協調。

對舊約律法可以有不同的對待，這特許是耶穌在講到離婚的律法時所給予的：「耶穌說：『摩西因為你們的心硬，所以許你們休妻，但起初並不是這樣。』」(太十九8)。這裏耶穌將神給人類婚姻的基本意旨，跟人所假設的律法之不同區別開來；後者假設人的罪會導致離婚的發生，因而制約與限制這情況。這不是摩西給他們的咒詛。舊約的司法律法，在離婚和很多其他情況，只是做政治社會的律法所做的事情：以基本的道德原則來承擔棘手的人類犯罪社會的實況。法律要在司法的程序中發生作用，必須從它自己的人民開始。我們必須承認，一方面，今天在立法方面需要同樣的妥協，但另一方面，這個妥協不一定要在相同方面或是同一種類中出現。以色列人在法律上接受奴隸制度，有它獨特的歷史和文化背景。但這不是好像一些教父所說的，因為這是人類墮落的本性，所以奴隸制度一定會在所有的社會出現。為基本道德原則影響整體社會結構和習慣的程度預先設限，是很危險的。就像奴隸制度的情況一樣，這會被歷史所否定。基督徒政治家需要的，不止是在妥協下實現舊約律法，結果令教導變得很容易。他們也需要跟從舊約律法改革的方向，將以色列的神的基本意旨帶出來，影響當代社會的風俗習慣。舊約律法可以作為我們的楷模；它不是要作一張靜態的藍圖，而是要作一個動態的過程，讓我們跟隨它的方向，有時甚至會超越律法本身須要停止的地方。

耶穌與利未記十九章

為了幫助我們辨識和跟隨律法動態的方向，最後我們要注意耶穌詮釋利未記十九章的律法的三方面。

利未記十九章12節將十誡中的第三誡(「不可妄稱耶和華你神的名，因為妄稱耶和華名的，耶和華必不以他為無罪。」〔出二十7〕)，應用於在法庭上起誓：「不可指著我的名起假誓，褻瀆你神的名。我是耶和華」。這與它上文下理(11、13節)的主題——偷竊——相連，就像利未記六章1至7節的情況一樣。因為牽涉財物的案件，若證據不足以定案，便會以作證起誓來解決這官司。

耶穌在馬太福音五章33至37引用過這條律法：「你們又聽見有吩咐古人的話，說：『不可背誓……』只是我告訴你們，甚麼誓都不可起。……你們的話，是，就說是；不是，就說不是……」(另參雅五12)。這是一個很好的例子，讓我們看到耶穌如何確定律法背後的動機，並延伸和加強律法的應用。利未記十九章禁止起**假**誓；耶穌禁止起**任何**誓。這裏的重點是，假如沒有誓言的約束，我們不能假定一個人所說的是真話，這才需要起誓。但耶穌取了律法對我們誠實的要求，將它延伸，要人無論甚麼時候都絕對誠實。那些所講的顯然全是真話的人，他們是不需要起誓的。因此，律法對我們誠實有最低的要求，即**最少**在起誓的時候保持誠實，耶穌卻對我們有最高的要求，要我們全然誠實。

耶穌在祂所有的倫理教導中，都將律法的基本動機推至極點，作為跟隨祂的人必須朝著的標準。耶穌要求我們的義，要勝於那些滿足於守著舊約律法文字要求的人的義，就是這個意思（太五20）。耶穌這個教導的含義，是否叫我們一定要廢除在法庭上起誓？只有烏托邦社會才可以假定所有的公民是全然誠實的人。[19]因此我們仍然需要利未記的方法，儘量確保百姓最少在法庭作證時講真話。但這不是說耶穌要人全然誠實的吩咐，只關乎門徒的個人倫理。耶穌發掘出來的律法動力，是要人無論在公開還是私下的生活裏，都儘可能誠實。假如百姓在公開生活中，發現他們要以等同起誓的態度，向大眾保證他們在某個場合中所說的話誠實無訛，那麼公開生活裏誠實的普遍標準便有一些問題。傳統貴格會（Quaker）主張任何誓都不起，從某一觀點來說，這是一個過於律法主義地遵從耶穌教導的形式。但他們也以公開見證的方式來服事，說明所有政治和社會關係都需要誠實。

第二，耶穌界定了「要愛鄰舍如同自己」的誡命（利十九18；編按：譯文跟和合本稍有不同，按原書直譯），是兩條最大的誡命之一，也是「律法和先知一切道理的總綱」（太二十二39～40）。換言之，這是總結所有我們對身邊的人應盡的責任的誡命（另參羅十三8～10）。其實這是利未記十九章的誡命一個十分自然的必然結果。

11至18節的文學結構，令18節下成為一個高峯，不單補充18節上，也是全章的總則。[20]它在34節再出現，確定了它作為社會關係最基本原則的地位。而假如正如我們所講的，利未記十九章代表所有要遵守的法律義務，那麼「要愛鄰舍如同自己」實在就是所有與人相處的律法誡命的基本原則。沒有其他原則(甚至十誡的原則；參羅十三9)能與這誡命並列，成為**額外的**原則。所有的誡命，到最後，都是這誡命的範例。

這不是說其他的誡命不重要；我們需要它們來詳細說明愛鄰舍如同自己包括甚麼。[21]但這些誡命不能將愛鄰舍如同自己巨細無遺地講出來；愛鄰舍如同自己總是超過律法所能指明的事情。從政治的角度來說，這是說社會對愛的定義，它常常有新的含義可被發現。此外，假如其他的誡命可以幫助我們詮釋愛的誡命，那麼，反過來說，它一定也會引導我們對其他誡命作詮釋。假如愛鄰舍如同自己是律法的總綱，與它不協調的詮釋便不是合理的詮釋。一些經文表面看來支持壓制和不人道對待人的法律和措施，這些詮釋一定是錯誤的，我們可以用愛的誡命駁斥它們。最後，愛的誡命作為舊約律法最基本的動機，給我們提供動力，在某些情況下取代其他律法的條文。舉例說，在上述那奴隸的個案中，愛的誡命不但減弱律法中的奴隸制度(例如利二十五39～55)，到後來，也令十九世紀廢除奴隸主義者看見，這律法不能容忍奴隸制度的存在。假如別人應該得到的關心照顧，應該與我們給予自己的一樣，我們便必須在法律上有同等的地位。

第三，耶穌所詮釋愛鄰舍如同自己的誡命，對象包括所有人類，沒有例外。利未記十九章18節下的「鄰舍」，與11至18節的「弟兄」、「你本國的子民」是近義詞，都是指以色列同胞、與神立約的社羣中的一員。不過一件很重要的事情是，利未記十九章將同樣的原則延伸至寄居在他們當中的外邦人。34節說：「與你們同住的外邦寄居者，你們要看他如本族中的成員一樣，並要愛他如己，因為你們在埃及地也作過寄居的。」[22] 我們應該注意這裏所用的理由（跟出二十二21，二十三9一樣），形成了一種人類感通一體（Solidarity）的呼籲：寄居在他們當中的外邦人也應該受到關懷，因為以色列人自己也作過寄居的人。事實上，寄居的外邦人因為沒有土地，因而同享為以色列無地的窮人提供生活所需的條例（利十九10；另參出二十二21～24；申十四29）。路得記就是實行這個原則的例子。

所以利未記十九章從原則上打破了所有限制，讓與神立約的以色列人不限於只愛自己的同胞。愛同胞的誡命沒有限制以色列人的愛，叫他們不愛其他人。相反，將愛延伸至寄居在他們當中的外邦人，暗示了這個原則沒有限制。雖然律法本身沒有指向普世的愛，但這個原則卻朝著這個方向。耶穌便是這樣按著律法的動機，將「你的鄰舍」詮釋為「任何需要我們幫助的人」（路十29～37），並直接將這個原則延伸至愛仇敵，包括宗教的仇敵（太五44～47）。後者十分重要，因為愛在舊約似乎肯定有一個很確定的限制：愛不延伸至神子民的敵人，神子民的敵人就是神的敵人。詩篇的作者「恨惡」那些恨惡神的人（詩一三九21～22）。在耶穌的時代，一些猶太人就是承接這個思想，將利未記十九章18節下詮釋為：「當愛你的鄰舍，恨你的仇敵」（太五43）。無論「鄰舍」指的是以色列同胞，還是像昆蘭團體那樣，只有屬於他們團體的才算真以色列人；他們將愛鄰舍如同自己的誡命，理解為這種愛是設有限制的，因而據此推斷出一個恨仇敵的誡命。[23]

從馬太福音五章45節神愛不義的人的事情上，我們可以看到耶穌拒絕接受這種詮釋。假如神愛祂的仇敵，那麼恨以色列人的仇敵（因為他們是神的仇敵），就不合理。因此耶穌將律法的主要原則——愛的誡命，延伸至一個舊約時代極少進入的境地（雖然舊約偶爾也會涉足這個方向，例如約拿書）。以色列與跟她為敵的民族的關係，必須看為以色列民族生活中，律法中心的倫理原則最少觸及的一方面。

第三章

給掌權者的忠告：

箴言三十一章1至9節

箴言三十一章1至9節

1 利慕伊勒王的言語，是他母親教訓他的真言：

2 我的兒啊，我腹中生的兒啊，
我許願得的兒啊！我當怎樣教訓你呢？
3 不要將你的精力給婦女；
也不要有敗壞君王的行為。
4 利慕伊勒啊，君王喝酒，君王喝酒不相宜；
王子説濃酒在那裏也不相宜；
5 恐怕喝了就忘記律例，
顛倒一切困苦人的是非。
6 可以把濃酒給將亡的人喝，
把清酒給苦心的人喝，
7 讓他喝了，就忘記他的貧窮，
不再記念他的苦楚。
8 你當為啞巴（或譯：不能自辯的）開口，
為一切孤獨的伸冤。
9 你當開口按公義判斷，
為困苦和窮乏的辨屈。

來源與舊約的背景

這段經文的作者既不是以色列人，而且是一個女人，因此這段經文便顯得加倍不尋常。這位作者是阿拉伯東北部瑪撒王國（Massa，參創二十五14）[1] 的太后。也許因為她自己行使政治權力，因此取了通常由父親擔任的角色，教她的兒子怎樣盡國王的本份。[2] 利慕伊勒王將他母親值得記念的忠告流傳下來，跟埃及法老穆里卡利（Merikare）將他父親類似的教導印發出來的做法差不多。[3]

這段經文的資料來源，是一個重要的例子，說明箴言收集多國名言雋語的特色。以色列的智者，正如所羅門一樣（王上四29～34），處身於一個學習各國事物的世界。由於他們的智慧不是像律法和先知那樣，建基於與神立約的子民的特定救恩歷史；而是以一般的人類經驗為根基，因此他們樂意以外國的智慧文學為借鏡。在我們所選的經文中，我們清楚知道這是外來的作品，它被選進去，顯然因為它適合收集於以色列智慧作品的正典之內。當然，作為箴言的一部分，這段經文增加了一個**神學的**處境（參看箴一7，二6），令它跟以色列的神拉上關係。但這個處境不是救恩歷史的處境，而是**創造**神學的處境（特別參看箴八章）。這創造神學的處境獨立於與神立約的百姓的特殊啟示經歷，是生活於神的世界裏的受造物——人類——很容易理解的背景；對這倫理智慧的例子來說，亦是一個合適的處境。這個材料既然成了希伯來聖經正典的一部分，因此對神在基督裏啟示祂自己的部分處境也有指引性。這顯明縱使一些神學家稱這為矛盾，但特殊啟示和人類普遍經驗之間，有一個相連貫的重要元素。

假如我們記住這一點，當我們看利慕伊勒的母親給他的忠告時，觀察到這個忠告與律法和先知所關注的非常相近，這忠告對我們便更有指引性。社會中最弱小的人不能保護自己（8～9節），關注他們的權利是律法（例如出二十三6）和先知（例如耶二十二2～3）對以色列政治和司法機關的要求。利慕伊勒的母親表達了一種古代近東國王的理想典型，這也是以色列人對王的理想典型（參詩七十二12～14），最後也成了對彌賽亞的理想典型（參賽十一4）。今天參與政治的基督徒，應該推動這個相關性。我們無需假設基督徒從基督教啟示引申出來的倫理關注，並不會獲得參與政治的非基督徒的認同。舉例說，假如我們注意到基督教理想，以及純粹從人文基礎構成的人權思想兩者之間真正的一致性，我們便無須感到疑惑，好像這證明了基督教對世俗思想的融通。事實上，我們大可從世俗的思想學習，就像歷代以來的聖經讀者從利慕伊勒的母親學習一樣。

跟舊約其他隨處可見的相關材料相比，利慕伊勒母親的教導所缺乏的，是前者基於救恩歷史的推動力。對神的子民來說，關注窮人和受欺壓者的權利，是由於他們對神的拯救恩典的歷史經歷（例如申二十四17～18），以及因為神向他們啟示了祂自己，他們認識神的性情（例如申十17～19；代下十九6～7）。不過就算沒有這種救恩基礎，也不妨礙利慕伊勒的母親認識到瀕於湮沒的倫理原則——所有人的平等權利——以及隨之而來的政治原則：有權柄者對不能保障自己權益的人的特別責任。我們所選的經文的特殊價值，就是它對這個原則那值得記念的表達。

利慕伊勒與穆里卡利

由於利慕伊勒母親的忠告不單屬於以色列人的聖經，也屬於當時的國際知識，因此值得跟其他教導近東君主的指南相比較。這些指南中，現存最全備的是我們提過的埃及作品：給穆里卡利的教導。[4]那是一個名字已經佚散的法老，給他的子嗣穆里卡利關於作王的職責和訣竅的專著。[5]這本書有很強的道德和宗教調子，勸勉穆里卡利要以公義、德行、智慧和誠實治國，並呼求諸神的恩眷和審判，作為能夠這樣行的動力。身為君王的，要關心子民的福祉，亦必須在宗教崇拜的禮儀上，謹慎盡上他的職責。在法老的極權專制統治裏，君主對他百姓的職責，當然離不開保持自己的權力和國家的完整。書中有大量關於這類國家事務的題目，包括：守護疆土的方法；剷除可能蠱惑民心者和搗亂分子的需要；對叛亂者施以比其他罪犯更嚴厲的懲罰的責任；以及需要慷慨獎勵官員，令他們不貪污受賄。在這些題目當中，君王保護弱者的傳統職責，即君主顯出公義的重要方面，再次出現：「要行公義，使你在世長壽。要安慰傷心者，不要欺壓寡婦，不要將人從他父親的產業上趕走(不要欺負孤兒)，不要貶黜權貴」。[6]我們要注意，這裏將切勿使用王權對容易受傷害者(寡婦和孤兒)造成不利的吩咐，跟不要令權貴貧乏的吩咐連在一起。這裏最首要的觀念是埃及社會秩序的階級觀：君主不能濫用他在社會等次裏身處高峯的身分，損害比他「低等」的人，反而應該運用在上位者的權責，為在他以下的人秉行公義和謀求福祉。[7]

比較之下，利慕伊勒母親的忠告更顯著和突出。這不是因為它的內容是那樣獨一無二，而是因為它在君王職責的大堆題目中，只選取一個主題。相反，穆里卡利的父親關注作王的不同職責，給他兒子多方面的教導。利慕伊勒母親只將她的論説集中於王對無助者的首要職責。當然，我們無法知道這個選擇是利慕伊勒母親自己作的，還是希伯來的編者在收集她的教導作為以色列智慧文學的一部分時，只選擇他有興趣的部分。無論是哪一種情況也好，重要的是君王職責的教導只有這一方面可以收進箴言之內。在箴言的其他篇章之中，只有很少特別給王的忠告，[8] 因此我們必須假設利慕伊勒母親的教導，代表以色列的智慧人認為必須給王的教導。他們認為沒有必要提及守護疆土、維持宗教崇拜的禮儀或者對付叛亂者。但他們認為強調君王保護社會上最弱小的人的責任很重要。以後我們會看見，這跟舊約對作王的普遍態度一致。

詳細的詮釋

箴言三十一章1至9節整段文字，應該看為一個單元，它的焦點是政治權力是一個要為他人運用的責任，尤其是為那些最需要幫助和保護的人而運用；它不是君王為自己謀私利的特權。因此君王必須避開放縱自己的生活：不是由於個人道德的原因，而是這樣可能會損害君王履行對大眾的責任（3～5節）。6至7節的真正作用是運用對比加強這一點：對那些在極度困境之中，無力幫助自己的人，借酒忘憂是一個仁慈的解脱，但對那些能夠和應該幫助無助者的人，這是逃避責任。很明顯，我們不應單按著**字面**的意思遵行6至7節的吩咐，但我們也不應該不以**嚴肅**的態度來遵行。我們要憐憫地承認不幸、可憐的人的極度痛苦，也要避免以過於説教的態度來看他們的苦況。利慕伊勒的政策應該是「君王幫助那些不能幫助自己的人」，而不是「君王幫助那些幫助自己的人」。

第5節和8至9節的處境是民事和刑事的**公義**性。請注意三節都有提及孤寡貧困者的「權利」，5節上提及律法，而9節提及要「按公義判斷」的吩咐。在聖經時代的社會，公義的大問題被法典置於神聖地位、成為在法律面前有正式平等地位的原則。但公義常常在法律訴訟中行使時失效，因為訴訟的程序往往受有財有勢者的影響。所以舊約恆常地關注保護弱小免受不義欺壓（例如申十六19；代下十九7；摩五12）。在這些情況中，君王作為最高法官，他有很重要的角色：他可以介入，為那些在地區法庭中權利被忽略的人出頭。正因為他有這個權力的身分，讓他能夠抗拒在本土上佔優勢者的壓力，成為那些沒有保障的人的保護者。[9]是這個特定的角色，令君王贏得像詩篇七十二篇那樣的稱許。但這個角色也要求君王時常警惕，並決心不用盡他身分的好處。

「你當為啞巴（或譯：不能自辯的）開口」（8節上）應該不是比喻。那些口不能言的人明顯在法律訴訟中不利，除非有人能代他們説話。不但有財有勢的人能佔他們的便宜，甚至窮人也能夠佔他們的便宜（請參看利未記十九章14節禁止佔其他殘疾人便宜的命令）。因此啞巴是社會上**最**不幸的人的真實例子，代表那些很難得到為他們爭取合理權益的審訊的人。另一種這個類別的人，是8節下的人物：一切孤獨的人（確實的意思我們不清楚）。[10] 有些人認為這個翻譯出來的詞組指出另一個尤其不幸的特別階層：「所有沒有聰明智慧的人」，也就是精神不健全的人，或者「所有被遺棄的子女」，即是孤兒。另一個可能性是頗為概括的解釋：所有受環境所累的人。另外，9節下特別提到在經濟方面陷於苦境的人。

「為啞巴開口」這句合適的語句，令這段經文尤其值得記住。這必定是一句傳統流下來的話，因為我們在約伯（另一位身處於相同政治理想典型中的非以色列領袖）憶述自己行使司法權力的話中，找到類似的語句：「我為瞎子的眼，瘸子的腳」（伯二十九15）。照樣，神作為公義的王的榜樣，是「孤兒的父」和「寡婦的伸冤者」（詩六十八5）。[11] 這句話生動地表達出王的責任：要準確地供應不幸的人所缺乏和需要的東西，為的是保障他們的權利。這意味著有權者與無權者要感通一體；有政治權力的人要為無權無勢的人行使他的權力。在舊約時代，這樣行使權力使政治權力合理化。假如君王沒有為無權無勢的人行使他的權力，他便成了欺壓無權無勢的人的權力系統中的最高層（參撒上八10～18；傳五8）。

那些講到國家一般司法功能的新約經文，所用的文字更抽象（參羅十三3；彼前二14）。但它們的目的，是要對那些可能想推翻羅馬政府的基督徒辯明，羅馬帝國所提供的法律與秩序架構的合法性。它們不是寫給統治階層，目的也不是要著重描述不公義的具體形式，像舊約著重考慮政治實況的觀點那樣。所以新約沒有讓我們削弱利慕伊勒母親的政治原則。以後我們將會看到，其實新約是以一種很不同的方法加強這個原則。

現今的詮釋

在現今社會，很少君主的政治角色與利慕伊勒相符，但這仍是一個需要人擔任的角色。在現今很多社會，有發展得更完備的公共機關作途徑，為社會中的弱勢社羣在政治和立法的過程中發言，並防止腐化和不義。但「在法律面前人人平等」這原則本身，並不能阻止法律以某些人的利益運作，對其他人造成不公、不利。「一人一票」的民主原則，也不能確保有足夠的聲音為社會中不幸的少數人發言。雖然民主制度可能比一個統治者或者一個軍人集團的暴政較為可取，但民主可以是強勢的大多數人對弱勢的少數人的暴政，因為最弱勢的人在兩種情況下都會受苦。即使在民主制度中個人利益得到開發，也不能代替一切有政治權力者在道義上為無權無勢者運用權力的責任。

在一個急速轉變的社會，這需要不斷立法改革；需要壓力團體；需要真正有憐憫之心和勇氣、不只顧自己利益的政治領袖；也需要經常不斷的和富想像的警覺性。在我們的社會，口才便給、形象良好的說客，很容易為不幸的少數人取得公眾的注意；有政治權力的人也很容易會覺得，他們有需要關注這一羣人，履行他們在這方面的職責。不過「為啞巴（dumb）開口」的原則，要求我們對那些仍然**傻笨**（dumb）得不能為自己開口的、永不能為自己開口的人（精神不健全、患了重病或者年紀老邁的人，兒童或者未出生的胎兒），以及那些仍然未找到人有效地為他們發言的人，有不斷更新的警覺性。在道德健全的民主制度中，其中一些用以評定政黨和政府好壞的事情，是它們是否願意為以上的人爭取權益，以及他們是否盡力將他們為這些人爭取權益的事情，在那些在政治過程中有影響力的人中廣泛散播。

在我們的世界也一樣，「為啞巴開口」的責任是一個全球性的責任。國際特赦組織（Amnesty International）、基斯頓大學（Keston College）和包括教會在內的很多關注人權的不同機構，是從這個重要觀點看國際政治程序為一個媒介，它這方面的能力在埃塞俄比亞饑荒的事件中，十分清楚地顯明了出來。瑪撒王國太后、利慕伊勒母親的原則的這種應用，遠超過她所能想像的程度，卻顯明了它跨越文化的能力。

以色列的君王制度

關於舊約對君王作為政治機關的態度這個問題，箴言三十一篇1至9節為我們提供了一個不尋常，但富啟發性的觀點。[12] 在過去很多基督教的社會，君王政治被視為理所當然，並常以以色列的君王制度作為模楷，呼籲別人支持。在最壞的情況，這會令暴政變得合理；在最好的情況，這會將舊約理想君王的精神灌輸到皇家政府的事務中，當中君王的角色是確保百姓得到公平公義的對待。但舊約君王觀的**多重意義**常常被人忽略，尤其是君王神聖權力的原則。他們常常忘記，以色列的君王不像其他近東國家的神話中的君王，他們不是從天而降，乃是百姓叛逆神，要王管治他們，神才特許以色列有君王出現（撒上八章）。

摩西五經講述以色列人來源的故事，也給他們生活應該遵守的律法。這是以色列人與神立約、作祂子民的基礎憲章，當中卻極少提及君王制度，只在申命記十七章14至20節講到。這一段經文雖然沒有明顯批評君王制度，但它跟撒母耳記上八章一樣，視君王為神對以色列人的特許——他們渴望像別的國家一樣，有君王管理他們（申十七14；參撒上八19～20）。另外，這一段經文禁止君王有世俗一般形式的王權，不許他們有很多妻妾、過多財富和軍力（申十七16～17），並要他們承擔與一般百姓相同的宗教責任（申十七18～19），使他們不致對他們的「兄弟」行暴政，篡奪神管理百姓的治權（申十七20）。只有當君王停留於所謂「在平等中居首」的情況裏，君王制度才可以被接納。

這一段經文顯明了，要使君王制度跟舊約以色列人作神子民的觀念相融和是多麼困難的事情。這個難處在於以色列這個民族本來是被解救的奴隸，他們脫離埃及的暴政，只作解救他們的神的子民。自願臣服於君王的專權之下，等於藐視神給他們的自由。

所以君王制度跟以色列最初的理想背道而馳；這個理想就是只臣服於解救他們的神的統治之下，生活於一個平等、自由的社會。基甸乃是根據這些原則拒絕作王

（士八23；另參撒上八7）；他的兒子亞比米勒企圖作王，也成了以色列不宜有君王的教訓（士九章）。與迦南的城邦相反，未有君王之前的以色列相對地是一個平等主義、權力分散的部落社會，[13]由神維持直接的統治。祂會興起祂所揀選的人，給他們超凡的能力，而不會容許一個王朝出現。這些領袖縱有失敗的地方，卻不會像世襲的君王那樣，很容易忘記他們與百姓感通一體，以及他們對神的責任。不過我們不應將士師時代理想化——士師記便沒有那麼做（特別參看士十七6，二十一25）。在一定程度來説，歷史無疑會無可避免地轉到君王制度。我們應該注意到撒母耳兩個兒子作士師的敗壞（撒上八1～5），是導致以色列人渴望有君王管理的誘因。最低限度有部分原因是他們期望君王能給他們公平公義，所以他們才冒著受古代君王壓迫的危險向神求王（撒上八11～18）。君王可能常常以皇家的公義的觀念使他們的高壓手段合理化。但對百姓來說，公平公義是他們長期以來渴望能在君王身上實現的理想。

隨著王朝的興起，以色列的社會產生了大規模的變化：中央政府、官僚和階級制度代替了部分的家族制度，更增加了經濟上的不平等。先知所斥責的社會和經濟上的不公義，是這些轉變的副產品。對於君王制度，先知的策略不是宣告它不合法，而是以理想典型的標準來評斷它；只有這個標準才可以令君王制度成為合理。君王制度要合理化，除非君王服事神親自解救、親自統治的百姓，而不是篡奪和擾亂神的治權。君王只要為受欺壓者秉公行義，原則上便達到了上述的標準，這亦是批評以色列君王實際運作的先知們，對王權所設的標準（參耶二十一12，二十二3、15～16；結三十四4）。

所以大體上，在實行時被譴責的君王制度，可以被補救成一個關鍵性的理想典型，就是用以服務以色列人其中一個最初的政治目的：為神解救的受欺壓者秉公行義。我們可以這樣理解，由於君王確保社會中最容易受欺壓的人得到公義的責任，已經成了近東君王的普遍觀念，當以色列為了「像列國一樣」而接受君王制度時（撒上八20），他們也將這個觀念一併接收過來。這樣我們便明白，箴言三十一章1至9節怎樣與舊約有關作王的思想有一致的核心。聖經選擇它和強調它，正是因為它提到君王的職責，這亦正是作王的真義。這個意義已經成了一種國際性的智慧；只有這種作王的真義才能令先知等人相對地接受王權，因為先知象徵神對祂百姓的管治，並祂對公義的關注。這將作王所有其他很有問題的事情，以及別的經文認為很關鍵性的事情（軍事力量、中央集權、階級意識和經濟不公等等），都放在一旁，只將焦點放於王運用權力保障無助者的權益方面。

所以，從以色列宗教傳統基本上反對暴政的角度來說，舊約只對符合理想典型的王才會給予無條件的認可。詩篇七十二篇這一篇加冕詩，在這方面最有指引性。作者祈求王能夠施行公義並繁榮興盛地統治。這兩個交織貫串全篇的主題，顯明了興盛與否在乎公義。王所施行的公義是**神**所賜的（詩七十二1），因此這是為窮人和有需要的人施行的公義，要拯救受欺壓的人和扶助那些沒有別人幫助的弱勢社羣(詩七十二2、4、12～14)。只有當王的統治反映出神的統治，他才是耶和華的受膏者，神才會認可他的統治。鑒於這個期望常常落空，出現一個能滿足這個理想典型的王的**盼望**便由此而生。他們對彌賽亞作王的期盼不在乎國土和權力，只在乎神作他們的主，解救他們(參賽九7，十一3～4；耶二十三5，三十三15)。彌賽亞王會根據申命記的理想，與祂的兄弟合一地統治，因為祂就像詩篇七十二篇中那完美的王，履行神對容易受傷害和被忽略的人的關注。

我們不能說，舊約聖經為後世的社會命定了一個特定的政治制度。它所提供的，是評定所有政治制度和政權的準則：政府必須為所有人和所有人的利益運作，尤其是那些最受苦、最弱小、最不幸，以及沒有任何社會或經濟能力和影響力的人。也許某些政治制度的確比別的制度更容易達到這個目的；至少，在大部分現代社會的情況裏，某些形式的民主似乎比君主制度更容易達到這個目的。由於沒有一個制度能**保證**完全達到這個目的，我們需要用種種不同的方法不斷再確定和保障它，正如之前我們已經提到的情況。

有關基督論的反省

我們剛才說過，箴言三十一章1至9節所表達的理想君王與以色列的完美君王典範是一樣。這理想的典範構成以色列人對彌賽亞的期望，亦為彌賽亞增加了一種政治層面。耶穌沒有認為這太激進、超過人類政治所能做到的情況，祂沒有拒絕這方面的意思。彌賽亞作王不是要得享權利，而是要服事眾人（路二十二24～27）：這跟傳統的利慕伊勒母親的忠告一致。不過彌賽亞徹底認同無權無勢者無助的景況，與他們感通一體，耶穌所做的已經超越了傳統所講的，卻又繼續了傳統。

最初我感到有些奇怪（只是最初），我們這一章的經文，只有6至7節跟耶穌的故事有明顯的關聯。耶路撒冷的婦女通常會按習慣，以沒藥調和於酒中增加它的麻醉效力，給將要接受死刑的人喝，[14]這顯然是遵照箴言三十一章6節的吩咐。在耶穌前往釘十字架途中，有人給祂這樣一杯酒（可十五23），如此祂便等同於社會上那些正承受著不能承受的悲慘、最不幸的人。而祂拒絕喝這杯酒，表明祂不單單只是與他們一樣，祂不只是一個無力對抗環境的受害人，更是一個自願分擔他們的苦痛，完全清醒地承受他們不能承受的痛苦的人。所以祂是一位與無助的人完全感通一體的王（箴三十一6～7）；祂不喝酒因為祂對無助者有責任（箴三十一4～5）。有能者與無能者感通一體，在耶穌裏面成了在無能中感通一體的能力，或者用保羅的話，成了「神的軟弱」的能力（林前一25）。

耶穌以這種與不幸者絕對感通一體的方式，活出王者的完美典範（彌賽亞式的），對我們思考政治權力的運用有幾方面的挑戰。首先，它責備只顧自身利益、不理公義和憐恤的當權者，像該亞法和彼拉多一樣，不論他們屬於哪個政治權力。萬王之王沒有坐下來審判該亞法和彼拉多，反而忍受他們的定罪，藉以定他們的罪。

其次，耶穌徹底地與無助的人感通一體，這是政客們無法做到的理想典範，然而他們卻絕不能忽視這一點。在政治上，有權力的人與沒有權力的人感通一體對他們有好處，因為有權力的人會因此保持權力，為沒有權力的人運用權力。不過政治權力很容易令擁有它的人遠離沒有權力的人。他們不知道沒有權力是怎麼一回事；就算他們曾經知道，他們也會忘記(參傳四13～14)。他們也許會說自己為沒有權力的人發言，但沒有權力的人不覺得他們為自己說話。在最壞的情況，沒有權力者，會成為這些自稱為他們代言的人耍弄於政治權力遊戲中的「馬前卒」。他們很有用，因為他們沒有自己的聲音可以抗爭。耶穌的例子甚至能夠提醒政客，真正的感通一體所要求的是甚麼。在正常情況下，政客不會譴責權力，但他們必須抗拒權力以任何方式令他們遠離無權力的人。

最後，耶穌與無權力的人感通一體提醒我們，雖然政治很重要，但有很多限制。要效法耶穌與最不幸的人感通一體有很多方法，這超過用政治的途徑解決他們的問題。政府可以資助類似德蘭修女等人所做的工作，但它們卻不能做到像德蘭修女那樣與窮乏人感通一體。

第四章

給受欺壓者的詩歌：

詩篇十篇、一百二十六篇

雖然舊約常常為受欺壓者說話，但說話的不一定是受欺壓者自己。不過，有一些詩篇是受欺壓者的聲音。從這些詩篇，我們可以知道在信心受到考驗和得到啟發的情況中，一些關於**禱告**和政治的事情。這一章會大量採用現代基督徒在政治壓迫下寫的文章，因為說到明白聖經裏受欺壓者的禱告，那些今天在受欺壓的情況中轉向神的人，詮釋這方面的經文比我們更具優勢。

詩篇十篇

1 耶和華啊，祢為甚麼站在遠處？
在患難的時候為甚麼隱藏？
2 惡人在驕横中把困苦人追得火急；
願他們陷在自己所設的計謀裏。

3 因為惡人以心願自誇；
貪財的背棄耶和華，並且輕慢祂。
(或譯：他祝福貪財的，卻輕慢耶和華)
4 惡人面帶驕傲，說：「耶和華必不追究。」
他一切所想的都以為沒有神。

5 凡他所做的，時常穩固；
祢的審判超過他的眼界。
至於他一切的敵人，他都向他們噴氣。
6 他心裏說：「我必不動搖，世世代代不遭災難。」

7 他滿口是咒罵、詭詐、欺壓，

舌底是毒害、奸惡。

8 他在村莊埋伏等候；

他在隱密處殺害無辜的人。

9 他的眼睛窺探無倚無靠的人，

他埋伏在暗地，如獅子蹲在洞中；

他埋伏，要擄去困苦人，

他拉網，就把困苦人擄去。

10 他屈身蹲伏，無倚無靠的人就倒在他爪牙（爪

牙：或譯強暴人）之下。

11 他心裏說：「神已經忘記了；

祂掩起了面，祂永不會看到。」

12 耶和華啊，求祢起來！神啊，求祢舉手，

不要忘記困苦人！

13 惡人為何輕慢神，心裏說：「祢必不追究」？

14 其實祢已經觀看；因為奸惡毒害，祢都看見了，

祢可以手施行報應。

無倚無靠的人把自己交託祢；

祢向來是幫助孤兒的。

15 願祢打斷惡人的膀臂；

至於壞人，願祢追究他的惡，直到淨盡。

16 耶和華永永遠遠為王；

外邦人從他的地已經滅絕了。

17 耶和華啊，謙卑人的心願，祢早已知道（原文是聽見）。

祢必給他們的心加添力量，也必側耳聽他們的祈求，

18 為要給孤兒和受欺壓的人伸冤，

使強橫的人不再威嚇他們。

（編按：譯文跟和合本稍有不同）

內心深處的呼求

詩篇十篇[1]是哀歌詩之一，其實這些詩篇應該稱為埋怨詩或抗議詩。[2]這些詩篇是那些不能再忍受他們的苦痛的人，他們內心深處的呼求。他們沒有像「哀歌」一詞所暗示的那樣，默然忍受、聽天由命；他們常常憤怒地、苦毒地帶著絕望抗議。他們向神抱怨，但用的字眼常常等同與神**作對**的投訴——埋怨神讓他們受苦。「耶和華啊，為甚麼……」和「神啊，幾時……」這些痛苦的提問，是這些禱告的特色。

除了詩人和神之外，詩中常常會有第三者：詩人的敵人。他們也許有時潛藏在背景之後，但很多時都以威嚇的姿態，出現在詩人描繪的圖畫的前景中。縱然詩人所受的苦最初似乎是由於別的原因（例如疾病），但敵人常常很快便會來幸災樂禍、來嘲笑或佔他軟弱的便宜。這些詩中，免不了**社會衝突**的內容。這令這些詩篇產生

了一個令很多現代讀者反對的特色：詩人渴望向敵人報仇。這一類的讀者常常對這些詩人缺乏基本的同情，因為他們生活在和平、富裕的環境中，絕難了解有詩人那樣的敵人的意思。這一類人假如只以自己認為是仇恨和衝突的東西看詩人的處境，便會覺得詩人常常提到敵人是一件很奇怪的事。所以我們最好從認識詩篇背後的社會衝突情況開始。詩人的絕望苦痛，來自社會和經濟的弱勢。他們一是被有財有勢的人欺壓；一是發覺他們一旦遇到不幸，那些普通的鄰居、那些他們一直視為朋友的人，不是避而不見就是佔他們的便宜。

在詩篇十篇，社會不公義的情況很明顯，也是詩人最主要的埋怨。此外，詩人不是只為自己抗議，也不是只為自己尋求公義，而是為整個被「惡人」欺壓的「貧苦」階層抗議。惡人是那些完全不理別人死活，一味貪財的人(3節)。他們像野獸般埋伏，等候抓著窮人(8節)，又像獵人用網捕捉窮人(9節)；這些惡人的形像都是詩篇中的惡人典型(尤其是前者)，強調了窮人容易受害，沒有能力對抗有權勢者的剝削和強暴，也沒有人保護他們。「窮人」或「困苦人」(2、9、12節)也被稱為「受欺壓的人」(18節)，更重要的是被稱為「孤兒」(14、18節)。這不是說詩人自己是孤兒，而是他將自己放在孤兒的特點所代表的那一個階層：那些社會和經濟地位最弱小、最容易受傷害、最無助的人，那些沒有人保障他們權益的人。這即是說，除了神，沒有人是「幫助孤兒的」(14節)。有一些解經家強調，在詩篇裏，對於那些存著謙卑的態度倚靠神的人，「窮人」這個字已經成了一個宗教的字彙多於一個經濟的字彙。[3] 在詩篇十篇(和大部分其他的詩篇),宗教的意思明顯地不是要替代社會和經濟的意思。但詩人在社會和經濟方面的苦況確實有一個直接的宗教含義——在沒有其他援助之下,他全然倚靠神的保護和公義。因為以色列的神是無助者特別的幫助,為受欺壓者和被踐踏的人出頭,是祂角色的特性。

然而祂卻沒有那樣做,這就是詩人埋怨的原因:「耶和華啊,你為甚麼站在遠處?在患難的時候為甚麼隱藏?」(1節)。埋怨詩的特色是從藉著訴求的抱怨,轉為確定蒙神垂聽。在這一篇詩,詩人的埋怨從1節的「為甚麼」轉到13節的「為何」;訴求在12節插入,然後在14至15節得到確定。這一篇詩以相信神已經垂聽並會回應的信心作總結(16至18節),所以埋怨不是這一篇詩的最後定論(只有詩篇八十八篇,這首詩篇裏最黑暗的一首詩之中,才可找到埋怨)。不過這一篇詩作了全面的表達;詩人沒有限制自己所用的詞語,也沒有過濾自己的感受。這對人與神的關係很重要,所以他們必須這麼做。在覺得被神遺棄的情況,只有完全表達恨怨和抗議,他們才可以跟神保持對話,因而最後可以贏取信心和盼望。

因此,留心傾聽詩人的埋怨,不急於很快地知道他們對此事的評斷,是很重要的。我們要進入詩人的黑暗之中。那些與詩人一樣陷於黑暗深處的人,詩人的話能幫助表達他們的埋怨,也能讓他們發現,就算神沒有出現,也有人代表他們說話。至於那些不是在類似景況中的人,這些詩篇讓他們注意到真實存在於世上的黑暗,不讓他們以簡單的宗教安慰隱藏它們。這些詩篇讓我們與那些受苦害的人感通一體。他們是一些只能向掩面不看他們的神呼求和抗議的。

耶和華啊，為甚麼？

詩人埋怨的説服力，在於他將神與社會公義之間所作的關聯。在社會公義欠奉的時候（2～11節），他覺得神也不在（1節）。此外，**惡人也不覺得神存在**。詩人描述的惡人實際上等於無神論者：「他一切所想的都以為沒有神」（4節）。這不是説他正式否定神的存在——在那時，這想法是使人吃驚及在人們認知的可能性以外的——他只不過在所行的一切事情上完全沒有考慮過神。他們的行動假設了神對社會公義沒有興趣，也不會採取任何行動以確保它。「惡人的驕横」是指他們公開藐視道德，並有信心他們可以奪取窮人所有的而不會受罰（2、3～4、6節）。他欺壓弱小者時，「他心裏説：『神已經忘記了；祂掩起了面，祂永不會看到』」（11節）。但這正是詩人埋怨的內容（1節）：神掩面不看，不理會明顯的不公義，沒有計算惡人的不義。這令惡人所作的看來好像是正確的事情！也令人以為世上好像有一件很明顯的事實，就是剝削窮人是成功之道（5～6節）。只有當我們看見詩人所處的情況所隱藏的威嚇，即惡人的無神論思想是可能被證明是真實的，我們才會稍為瞥見詩人埋怨的深度。詩人的埋怨的實際目的，是要説「沒有神」——沒有以色列人所信的神；沒有領他們出埃及的神；沒有看見不公義、關心受欺壓者並為他們出頭的神。因此第一個「為甚麼」的問題（1節：「……你……在患難的時候為甚麼隱藏？」），在內容上跟第二個「為甚麼」的問題一樣（13節：「惡人為何輕慢神，心裏說：『你必不追究』？」）。

這個埋怨因而是一個**神正論**（theodicy）的問題：為甚麼神容許惡（evil）出現？祂這樣做怎能算是神？這一篇詩所提出的問題有三方面值得注意。首先，這個問題在**社會**上的惡的處境下產生，這是古代以色列的特色。[4] 這不是一條脱離實際的哲學猜想性問題，而是被忽視和排斥的人在掙扎求存中發出，一條生死攸關的問題。但第二點是他們會將這個問題**交給神**，這是舊約信仰的特色。詩人將自己投訴神掩面不看的埋怨**交給神**，這行動中帶有弔詭性（paradox），因為這個埋怨本身是一個信心的行動，認為神會看見，因此也能向祂訴説。這弔詭性的張力是十分巨大的，但它從極度絕望中將詩人挽回過來，使他不致相信惡人所作的威嚇，不致誤信惡人的無神思想是真的。一位可以向祂説話的神，甚至可以向祂埋怨祂是否視而不見、聽而不聞的神，構成了不公義不會在生活中有最後決定權的惟一盼望。在矛盾中相信這一位神是**很要緊**的，它令現代西方社會很容易想到的不可知論變得微不足道。「對於受害者，相信神不是頭腦上的運作，而是盼望的存在與否」。[5]

第三，詩人所問「為甚麼」的問題，要求一個主動的回應，而不是一個神學的回應。對於神的不在場，他不是真的要一個**解釋**，甚至不是要一個結果。他具體地為受欺壓者要求公義（18節），以及懲罰那些欺壓人的人（2節）。

神正論的問題無可避免地會在政治邪惡和政治壓迫的情況下產生。萊比錫市長哥特拿(Carl Friedrich Goerdeler),他的基督徒信念驅使他在德國對抗希特勒。一九四五年他被判死刑時,在監獄中寫道:

> 這世界是否有一位決定每一個人命運的神?我愈來愈難相信,因為這一位神多年來任令數十萬淪為野獸、靈性有病、自欺欺人之輩,在人類社會做成血流成河、哀鴻遍野、恐怖滿盈、絕望處處的情況……祂竟讓數以百萬計的人受苦和死亡![6]

哥特拿因為繼續探索這個問題,偶然尋到對納粹民族主義的罪惡的某種**解釋**:

> 我們違反人性的民族主義難道不等於拜偶像、公然侮辱神嗎?是的,在這個情況之下,現在發生的事情可以理解為:神渴望徹底根除列國中的一種癖好,這癖好就是硬將神與他們的民族野心牽扯在一起。假如這是真的話,我們只能求神讓這個渴望得到滿足,並在充滿眼淚和死亡之處,給優勢予那些使人和好的使徒,以及那些了解神這個態度和神這個審判目的的人。我為此向祂禱告。[7]

假如以上的文字來自遙遠的安全地區的一個學術研究,這種對神在如此苦難之中蘊藏如此心意的解釋,將會很含糊和令人懷疑。但作者有份於這苦難,亦致力於結束這種苦難，他的背景為他贏取了可靠性。當我們留意後納粹世界，我們可以在當中看到一些根據。但納粹的恐怖仍然超過任何這一類的解釋。企圖明白神在政治邪惡中的目的，是有一定根據的，但他們的問題像約伯所問的一樣，很多時都得不到答案。假如他們的神學解釋渴望得到一個主動的回應，即要求神除去不義和結束苦難，這會削弱了聖經神正論的問題，更會讓他們喪失所有的憑據。對於那些在不公義中受苦的人，只有當神仍然是公義的盼望，祂才仍然是神。所以哥特拿對神正論問題的回應是可靠的：他不滿足於所得的解釋而鍥而不捨，他像詩人一樣提出訴求：「假如這是真的話，我們只能求神讓這個渴望得到滿足……。」

「你加力量給困苦人的心」

詩人從埋怨變成訴求，他發現那一位仍然可以向祂説話的神是聽禱告的神，因此他獲得信心和盼望。一方面，只有藉著他對神完全表達的埋怨他才會有這個發現，但另一方面，這不是他自己敬虔的功績，信心和盼望打破他的黑暗，乃是出於神的恩典出乎意料地出現在苦難之中。14節突然**給**詩人一個確據，是駁斥13節惡人的自信的：「其實你已經觀看；因為奸惡毒害，你都看見了」。[8]

假如神聽見，祂就不是不存在；假如祂聽見，祂就不會不行動。因為那一位詩人發現最終他仍可以信賴的神，是以色列人自出埃及的時候便已經認識，知道祂是以拯救**回應**無助者的呼求的神（14節下）。埋怨詩的神學基本上是出埃及記的神學：「於是我們哀求耶和華我們列祖的神，耶和華聽見我們的聲音，看見我們所受的困苦、勞碌、欺壓，他就用大能的手和伸出來的膀臂，並大可畏的事與神蹟奇事，領我們出了埃及」（申二十六7～8；另參出三7～8）。那拯救的程序是一樣的：被欺壓的發出怨聲；神聽到；神拯救。[9]這是詩篇十篇16節對神的王權歡呼確定的重點：「耶和華永永遠遠為王」，跟以色列人過紅海的勝利總結互相呼應：「耶和華必作王，直到永永遠遠」（出十五18）。神賦予人的王權不是祂對地上有權者行不公義的認可——無論那是法老還是欺壓詩人的人；在更大程度上，神視王權為於地上得不到公平者的上訴法庭。假如神是王，那麼不公義的社會和政治情況必須接受改變。神當然贊成公平的政治和社會秩序；祂是為弱者和沒有能力的人改變不公義的力量。因此，詩人倚靠神真正不可動搖的永恆統治（16節），反對惡人的狂傲自恃，以為沒有東西可以動搖他們充分的安全（6節）。「對以色列人來說，他們在深坑底下找到的不是**絕望**而是**神的掌管**。他們知道只有神的掌管才是惟一不叫他們絕望的東西。」[10]

詩篇十篇的作者在寫這詩時，滿有信心地預期神會拯救，但這沒有發生。假如我們以為他不會需要等得太久，我們便太幼稚了。神的恩典不會受我們的禱告左右。但詩人對神新的信心和盼望**已經轉化**了他的情況。他知道神不是沒有出現，而是與他同在，他有一種新的內在力量去抵抗他所處的情況的破壞性影響。他的敵人不能折磨他的心靈，或者消滅他對公義的渴求。這種內在的解放（我們姑且這樣稱呼它），不是實際社會改變的代替品，不是麻醉人民的鴉片。相反，它維持了他們在盼望公義來臨中竭力對抗不公義的心志：

耶和華啊，祢聆聽謙卑人的需要，
祢給他們的心帶來力量，也側耳聽他們的祈求，
要在孤兒和受欺壓者的利益前題下審斷，
使強橫的人不可再威嚇他們。
（17～18節；編按：原為JB譯本，翻譯跟和合本
稍有不同）

在不斷受欺壓、看不到它會停止的情況下實在地禱告，是最困難的政治禱告形式，但同是也是最需要的政治禱告形式。神立即成了渴慕公義和自由、對不公義的怒憤、不公義持續不斷的茫然、對絕境中的安慰和對不斷盼望的力量的來源。南非詩人勒拿波（Walter M. B. Nhlapo）這樣寫道：[11]

早晨起來我呼喊：
　「自由今天請來吧！」
午間我坐下歎息：
　「這大日子幾時才來到？」

神啊！我將我的憂傷帶到你的面前，
　淚水每天沾濕我的面龐；

難道明天我還要以淚當食嗎？

假如是這樣的話，請給我安眠！

在這樣的環境中，詩人要有所突破，即從埋怨變為盼望，那一定是一個一體的經驗。在這經驗中恆久不變的因素是：神是我們常常可以傾訴的對象，縱使祂好像不在場；每當我們呼求祂，我們便會發現祂在我們附近。

一首來來自納米比亞的詩

下面的一個禱告，是納米比亞路德福音會的甘美達牧師(Pastor Zephania Kameeta)，在一九七六年寫的。我稱之為一首詩，因為它反映了聖經埋怨詩的精神，有時更用了類似的字眼。這首詩的年份為題目作了註釋：十個星期前發生了索韋托(Soweto)的暴動和流血鎮壓，只在十個星期前。由南非政府召集的通哈勒(Turnhalle)憲法會議正在開會，他們要為自己國家的利益尋找新的憲法協議。西南非洲人民組織(SWAPO)領袖杜爾福(Herman Toivo ya Toivo)，在羅賓島的監獄已經被囚了八年，一同被囚的還有孟德拉(Nelson Mandela)。另一位西南非洲人民組織的領袖穆舒巴(Aaron Mushimba)被判了死刑(後來上訴獲撤銷判罪)，當時正在寫書。納米比亞不斷加強北面的軍事武裝，加劇他們對以南安哥拉為基地的西南非洲人民組織的戰爭。在奧倫治文(Oranjemund)的鑽石礦，以及在洛城(Rössing)的鈾礦是納米比亞礦物財富的主要例子。這些礦產令納米比亞人民被控制和剝削，也解釋了南非政府堅決要將納米比亞保留於南非白人政府的經濟控制之下的原因。有了這些題目作參考，聖經埋怨詩裏的抗議、呼求和盼望，在一個持續不斷的現代政治壓迫的具體情況下，找到了近代的方式再表達。

〈為甚麼？神啊！為甚麼？〉

主啊！祢知道，這一刻
杜爾福、孟德拉和穆舒巴的心裏
在想著甚麼。
祢肯定知道我兄弟們的內心，
知道他們每天的苦況——在遙遠、空闊
和寂寞的曠野，與羊為伴。
祢看見他們被藐視、被忽略，
虛度光陰。祢體察他們的思想——
他們在深坑之中，甚麼也沒有。

主啊！許多索韋托兒童的新墳墓，
祢是很清楚知道的；祢也知道他們父母
和夥伴的眼淚。
通哈勒的推論和虛偽，不能
把祢欺騙；
祢察看了數以百計的囚犯，
在納米比亞北面的集中營裏遭虐待：
他們被來復槍的槍柄亂打；
他們的身體被人用來捺熄香煙。

我們像以色列人在埃及一樣，
悲慘、受苦害。這一切祢全都知道。

為甚麼？神啊！為甚麼？
為甚麼祢好像聽不到我們悲傷的呼喊？
還是祢轉面不看我們？
祢容讓他們將我們踐踏到幾時呢？
我們對祢的信靠難道是徒然的嗎？我們的盼望
難道是徒勞的嗎？
為甚麼？為甚麼？為甚麼祢要我們等待？

為甚麼？神啊！為甚麼？
為甚麼祢創造我們？祢創造我們，
難道只是要我們像瘋狗般被射殺麼？
祢創造我們，難道是要我們永遠
受人欺壓和奚落麼？為甚麼？神啊！為甚麼？
祢的愛是有限制的嗎？我們是被祢放逐了的嗎？
祢將我們造成了「非洲黑人」、「斑圖人」、「非白人」嗎？

我們是否命定要卑躬屈膝地站在「主人」的後門，
從生鏽的橘子醬罐子裏取一點點的水喝。
祢創造我們，是要我們過「是的，主人」、「是的，太太」的生活嗎？
祢要我們成為這世上人類的諷刺劇嗎？
為甚麼？神啊！為甚麼祢創造我們？

為甚麼？神啊！為甚麼？
為甚麼祢藉著祢的話語告訴我們，我們
是按著祢的形象造的？為甚麼會有這樣的教導——
不論語言、種族和膚色，每一個人在祢眼中都是平等的，
並且我們應當以這個教導來對待和接納大家？
為甚麼祢要我們知道我們不再受奴役，
知道我們是祢用獨生子寶血的最高代價解救了的人？
假如祢讓我們盲目不知真相，也許會更好些；
這也許會使我們更容易順從我們的命運。
但這現在已沒有可能。
祢已經讓我們知道，我們比奧倫治文的鑽石礦，
以及在洛城的鈾礦更寶貴；這些都不能與我們相比。
為甚麼？神啊！為甚麼祢開了我們的眼睛？

為甚麼？神啊！為甚麼？
為甚麼我們呼求祢的時候，祢不回答？祢保持被動，
靜靜地看著我們的痛苦和眼淚要到幾時呢？
這枷鎖愈來愈難以忍受，我們不要再帶著它向前多踏一步。
祢為甚麼容讓罪孽和欺詐管轄我們？
祢豈不是用祢自己的生命救贖我們的嗎？
祢是萬王之王，他們卻用拳頭和棍棒打祢。
他們向祢吐唾沫，表明他們對祢極度的鄙夷！
殘忍的鐵釘刺穿祢雙手雙足；
這一切只因為祢對我們偉大而無限的愛。

那麼，為甚麼？為甚麼祢緘默無言？

我們在深處呼求祢：求祢救我們脫離我們的苦況！
引導我們走在納米比亞的正路上，而不是
新殖民主義的西南非。
全世界的主啊！求祢
使我們的靈魂得恢復，更新它們。
我們被釋放、公義和救贖的渴望煎熬。
賜平安的神啊！願祢以祢的好禮物，來充滿我們這長滿老繭的空空雙手，
願祢打破羅賓島的銅門鐵鎖，粉碎囚禁和折磨我們兄弟的犯人營。
主啊，幫助他們！
我們呼求祢，求祢使我們脫離極度的恐懼！
我們驚怕戰抖，軟弱無力。願祢將我們的命運
掌握在祢強壯的右手；願祢藉我們讓世界看見祢的奇妙！
賜我們生命的靈，好讓我們能站起來。
願祢幫助我們堅持不懈地在祢的引導下，在這個國家裏興起祢國度的燈塔！阿們。[12]

被遺棄在沙漠

不只是受欺壓的人才覺得神不在，卡馬華主教(Bishop Helder Camara)寫〈不可逃避的沙漠〉，描述那些為受欺壓者爭取公義的人難免會去到的一個景況：

假如我們要成為公義與和平的朝聖者，我們必須預期面對沙漠。

那些偉大和有能力的人消失了；他們不幫助我們，反而對付我們。隨著他們愈發感到危機迫近，他們籌措資金的宣傳便愈發刺耳，並混合著謊言。更壞的是，那些沒有能力的人也對我們避之則吉；他們感到十分害怕。那些完全倚賴老闆才有房子、才有工作、才有生活的人，他們和他們的家人都害怕失去這些。他們只有逃避走開，這反應是自然和可以理解的。另外也有一些不那麼倚靠富人，或者更留意到實況的人，他們準備好一切。

那些時候，當我們看自己時，會覺得自己是身分很尷尬的朋友。歡迎我們的人都很可疑；他們希望得到我們的友誼，但卻害怕因我們的名聲受到牽累。

我們覺得像是對著沙漠説話，就像我們那些活躍於爭取公義的前輩的感受一樣。不公義一直擴散，愈來愈嚴重，三分之二的世界已經落在它的手中。只有石頭——和心地像石頭那樣的人才會聽我們。

我們的疲乏從身體蔓延至靈魂，那比任何身體上的疲憊更差。

我們感到我們四周的沙漠舉目無盡。浮沙已蓋過我們雙膝，我們正沉沒其中。令人目不能見兼且灼熱難耐的沙漠風暴，傷害著我們的面龐，走進我們的眼中、耳內……

我們已經到了忍耐的極限；沙漠在我們四周，沙漠在我們裏面。我們感到天父已經拋棄我們：「為甚麼離棄我？」……

我們一定不能倚靠自己的力量。我們一定不能讓自己苦毒怨恨。我們必須仍舊謙卑，知道我們在神手裏。我們必須只希望有份於令這世界變得更好。那麼，我們便不能失去勇氣和盼望。我們將會感到神，我們的父的無形保護。[13]

在最後兩段，詩人將離棄和抱怨變為信心與盼望。卡馬華用了耶穌在十字架上的禱告（可十五34），亦即詩篇二十二篇這一首埋怨詩的首句，來表達被棄絕的經驗，實在不是巧合的。

詩人們的禱告與耶穌的禱告

耶穌在十字架上呼叫：「我的神，我的神！為甚麼離棄我？」祂認同了詩人們對現況的抗議，也認同了那些以埋怨詩祈禱的人。祂進到他們的黑暗之中。福音書對客西馬尼園和釘十字架的描述，引用和暗指了埋怨詩，這是在初期教會已經很清楚的。[14] 初期教會看這些詩為對耶穌的預言，當中最深的意義是耶穌自願感受這些詩所述說的苦況（在客西馬尼園中，這已經清楚表明了出來）。此一政治之向度，沒有損害它的意義，也沒有必要被禁而不談。耶穌為了窮人和受欺壓者的利益，成為受害者，無辜死於政治的不公義之下。面對敵人的權勢，祂全然無助。福音書的作者將埋怨詩作者引述**他的**敵人的話，套用於耶穌的敵人對祂的嘲笑奚落之中（太二十七43；詩二十二8）。

詩人們在看不見神的黑暗中，發現神在黑暗中與他同在，而黑暗已經「被不屈不撓的感通一體的能力……奇妙地改變了」。[15]耶穌進入詩人的黑暗之中，承擔詩人們的抗爭，對所有感到神不在的人，耶穌成了神與他們感通一體的代表。里治主教(Bishop Hanns Lilje)在納粹監牢之中，經歷了他從未經歷過的神的同在。他記得在一個空襲的晚上，所有獄卒都躲進防空洞內，留下囚犯在監牢中。這時另一名囚犯吉坦貝(Freiherr von Guttenberg)來探訪里治；他冒著極大的危險，在這些情況下偷偷將安慰帶給其他囚犯。他們談到客西馬尼園中的耶穌：

> 我永不會忘記這次關於神的兒子的耳語交談。祂那一晚在橄欖山上舉起了恐懼可怖，叫人類每一個晚上都不用再害怕。因此祂永遠與那些在黑暗中受苦、掙扎和禱告的人同在。我也永遠忘不了這一個人——他是一個永不會只顧著自己的命運，而忘記他同胞的命運的人。[16]

這是根源於神的感通一體，而生發出人類的感通一體。

發現耶穌與他感通一體的受欺壓的基督徒必須記住一點，就是耶穌在受苦時所作的禱告，跟詩人所作的禱告不同。耶穌為祂的敵人求神赦免(路二十三34)，實行了祂自己的教導(太五44)。詩人卻從沒有這樣做，他們從來都是以不饒恕的態度來對待敵人。他們求神審判他們的敵人(詩十2下、15)，有時甚至用嚴肅而延伸的咒詛(詩六十九22～28，一〇九6～20)。不過新約也有這種禱告(啟六10)。它們應被視為暫時有效，而不應構成任何基督徒不饒恕敵人的藉口，幫助我們明白真正的饒恕應該是怎樣的。我們可以說，耶穌要求我們饒恕敵人，不單是要廢除這些禱告，而是要向前再進一步。跟隨耶穌的人都要踏出這一步；但在我們正確地踏出這再進的一步之前，我們需要欣賞這些禱告有理的地方。

首先，這些禱告直接從詩人們對公義的要求而來，就像耶穌比喻裏的寡婦，他的要求是要那官向她的對頭伸明自己的冤(路十八3)。詩人**最基本**的關注是正面的，就是公義**幫助**受欺壓者。但沒有反面的推論(公義**對抗**欺壓人的人)，他們便不能設想正面。在實際的政治不公義的情況中，我們也常常很難這麼做。假如沒有像詩人們一樣，彰顯對公義的渴望和對不公義的怒憤，我們在這些情況下的禱告及有關這些情況的禱告，並不比詩人的禱告優秀，而是比詩人的更低劣。正如高定基(John Goldinggay)所說：「假如我們發現自己沒有巴不得神降下咒詛給那些行惡的人，這可能反映出我們屬靈的敏感度、我們的好運氣(沒有落到那些景況中，被逼面對魔鬼)。亦可能反映了我們對道德的漠不關心。」[17] 愛仇敵和饒恕敵人，不應成為允許隨便和輕易漠視公義的根據。假如我們忘記了耶穌所指的是真正的敵人，並且試圖假裝他們不是**敵人**，主耶穌吩咐我們愛仇敵的力量便會失去。只有超越詩人們對公義的合理要求，跨出那代價既高、困難亦大的一步，愛仇敵和饒恕敵人才是真實的。

第二，詩人們求公義的**禱告**，**大體上**是保守他們對公義的關心不會淪為報仇，縱使實際上他們很少會這樣做。這些禱告是神施行公義所必須的，也會將詩人帶到個人報仇的感受之外，進而渴望神的公義得勝。誠然，我們有可能口講神聖的公義，卻將它用了來作個人的報復。然而，真心在禱告中向神開放心靈的信徒，會將自己對事情的審斷，置於神公義審判的標準之下。基督徒可以以這一種精神使用埋怨詩。最安全的方法（也是釋經的關鍵），是強調潘霍華（Dietrich Bonhoeffer）所引述的經節；他於一九四四年在納粹德國用這些經節表達他對神的盼望：[18]

在地上果有施行判斷的神！（詩五十八11下）

以及

耶和華啊，求你起來，不容人得勝！
　願外邦人在你面前受審判！
耶和華啊，求你使外邦人恐懼；
　願他們知道自己不過是人。（詩九19～20）

第三，將事情交給**神的**公義來處理，是愛仇敵和饒恕敵人的第一步。詩人們將他們對欺壓他們的人的怒憤，以及他們報仇的渴望向神表達，最少是讓神處理他們這些願望，甚至是**放棄這些權利**轉而將它們交給神。[19] 個人的報復會被譴責，因為他的理據已經交託了公義的主，祂會為他們伸冤報復（申三十二35～36；羅十二19）。里治主教在這方面也為我們提供了另一個很值得注意的例子。納粹黨對他的審判，是對公義的一次嘲弄，這使他極度惱怒，叫他尤其不滿的是那惡名昭彰的法官費士拿(Freisler)：

> 在我被囚的日子當中，這是惟一一次令我怒髮衝冠的時刻。我感到在我內心深處升起了一股憎恨的暗湧。當我們回到囚室，我惟一能做來控制我感受的事情，是做一個絕對而重複的行動，按字面意義來順服效法一句經文：「主說：『伸冤在我；我必報應』」(羅十二19，引自申三十二35)。我以小孩子單純的心去做；我知道我將會有很多情況一次又一次重複去做。[20]

有這些情況作參考，我們才會明白保羅在羅馬書十二章19節的建議。為了重複耶穌愛仇敵的吩咐——「只要祝福，不可咒詛」(14節)和「不要以惡報惡」(17節)，保羅禁止讀他信的人自己去報復(19節上)。不過他沒有要求他們放棄對公義的關注，反而說可以將公義交由神去處理(19節下)。**這樣**便可以使他們沒有束縛地饒恕他們的敵人，並歡迎他們悔改(20節)。被個人的報復心抓緊的人，見到敵人不受審判便會灰心沮喪，就像約拿一樣。而那些讓神為他們伸冤的人，可以在憐憫中得提升和喜樂，因為藉著憐憫，他立即保障和超越了公義。他們可以為敵人獲寬恕而禱告。

因此，詩人們與敵人對抗的禱告，有臨時的有效性。但耶穌卻要求祂的門徒帶著寬恕為敵人禱告，並讓他們能夠這樣做到。這一種饒恕完全與政治有關。對抗高壓極權的解放抗爭，若以公義為基礎，但卻一點也不知道饒恕的話，它實在極容易成為它所對抗者的鏡影。它以恨還恨；公義成了維護被欺壓者專有利益的名詞，其他人變得無關重要。當被欺壓者成了欺壓人的人，事件便很難評斷，但它的結果是：隨著「釋放」，被欺壓者（全部或其中一些）成了新的欺壓者。公義不能被甚麼也沒有改變的虛假和好丟在一旁。假如真的要和好，假如要避免破壞性的憎恨循環，追求公義必須與饒恕的精神一起出現。

耶穌禱告說：「父啊！赦免他們；因為**他們所做的，他們不曉得**」（路二十三34），給我們一個很難的吩咐——要以**理解**的心愛仇敵。在欺壓人的社會裏，我們需要試圖理解權勢階層的人，他們所犯的罪和意識形態的構造，幫助我們解釋為甚麼這些人會有那些感覺、想法和舉動。例如我們要明白南非一般白人的**個人**罪惡，跟大多數的人不相伯仲，只是他們對自己所做的惡事當局者迷，看不見而已。了解一切，不是為了給一切事情找藉口。然而，愛仇敵的確給我們帶來改變與和好的可能。僅憑對公義的渴望，無論多麼理直氣壯，亦決不能發現這個改變與和好的可能性。當我們以愛來夢想一個不同的將來，這些可能性便會來到。

我們有一個夢

以下是一九六三年，馬丁路德金（Martin Luther King）在華盛頓（Washington, DC）演說所宣告的字句：

我有一個夢想——有一天，在喬治亞州的紅土小山上，從前是奴隸的人的兒子們，跟從前是奴隸主人的兒子們，可以在手足之愛中平起平坐。

我有一個夢想——有一天，即使如密西西比州那樣，蒸發著不公義的悶熱、蒸發著欺壓的悶熱的州縣，會變成自由和公義的綠洲。

我有一個夢想——有一天，我的四個小孩子會住在一個國家，那裏不以他們的膚色判斷他們，而是以他們的品格判斷他們。今天，我有一個夢想！

我有一個夢想——有一天，下至南方亞拉巴馬州，即使那裏有惡毒的種族主義者，那裏的州長常說干涉和否定的話，就在這個州，黑人的男孩和女孩，可以和白人的男孩和女孩情同手足般手拖著手。今天，我有一個夢想！

我有一個夢想——一切山窪都要填滿，大小山崗都要削平；高高低低的要改為平坦，崎崎嶇嶇的必成為平原。耶和華的榮耀必然顯現；凡有血氣的必一同看見。（譯註：這一段引自以賽亞書四十章4至5節）[21]

詩篇一百二十六篇中的以色列人，就是將自己跟有這樣夢想的人相比。[22] 這是一種預言性的夢想，他們對著當時的邪惡，夢想令人嚮往的自由與公義的未來。

詩篇一百二十六篇1至3節[23]

1 當耶和華將那些被擄的帶回錫安的時候，

我們好像做夢的人。

2 我們滿口喜笑、

滿舌歡呼的時候，

外邦中就有人說：

「耶和華為他們行了大事！」

3 耶和華果然為我們行了大事，

我們就歡喜。

像舊約中的慣常做法，「做夢」在這首詩中是預示性異象的工具。**相較**於那些夢見公眾的人來說，詩人與他的同伴雖然稱不上得到真正的預言式啟示。但他們有熱切的期望，好**像**有遠象的人所有的一樣，他們期待著神扭轉他們的苦境——可能是巴比倫人摧毀耶路撒冷之後的荒涼景況。[24] 他們有馬丁路德金那般鮮活的期盼，好像這一切已經出現眼前。他們的口已經充滿喜笑，在充滿喜樂的期盼中早已忘記現實裏真正的憂傷。這同樣的事情也在馬丁路德金的演說中出現過，他的聽眾沉醉於他所瞥見的自由而十分興奮。「那一刻似乎好像神的國來到，但這只維持了一會兒。」[25]

這兩個夢想都是從當時所屈服的痛苦中擰出來的。德國神學家莫特曼(Jürgen Moltmann)的書《盼望神學》(*Theology of Hope*)，花了很多工夫將盼望帶回普遍的神學之內，並特別將之帶進基督徒對政治的參與之中。追溯他的神學理論，乃是一九四五至一九四八年，他在戰犯營中對神的根本經歷。這一篇詩篇幫助他感到神在黑暗中與他同在：

> 這個沒有沉到深淵卻反而從遠處被提升的經歷，是一個清晰的盼望的起始；沒有它，我根本沒有可能活下去。但這個盼望同時分為兩個方向。一方面，它給我們力量，在每次外在和內在的打擊之後，再次爬起來。另一方面，它叫靈魂在有倒刺的鐵絲網上自己擦破自己，令它不能甘於被囚，或作任何妥協。[26]

所以對受欺壓的人來說，對將來存有希望的夢想，是自由對抗現在這痛苦的聲明。詩人的經歷——在黑暗中發現神，必然同時是一個盼望的恩賜。當神的光闖進黑暗，黑暗看來就像一條隧道；盡處的光已然可見。

在詩篇一百二十六篇，可以想望的興奮時刻已經過去了，但仍然啟發詩人作這一個禱告：「耶和華啊，求你使我們被擄的人歸回」(4節上)。我們可以期望那一位在黑暗中造出光明的神，祂會施行一件好像奇蹟，但又好像南地的河水季節性地復流那麼自然的事情(4節下)。對古代的人來說，如播種與收割這種每年一次的循環(5～6節)，是神每年一次的恩典，使自然起死回生。播種是重生和復活之前的一種葬禮(參約十二24)，所以傳統上將之聯想到流淚，[27] 正如收割很自然與歡樂相隨一樣(5～6節)。因此撒種和收割的比喻**都**為現在帶來意義——痛苦憂傷的經歷**和**神將來拯救他們的期盼。假如要收割，便始終需要撒種這個人類的活動。但給我們收穫(林前三6～7)，以及隨之而來的歡樂的，是神。

所以，當這首詩從夢想中的歡樂回到現實中的痛苦，對痛苦已經有了一個新的觀點。絕望的現在本身不能帶來盼望，但在神所賜的盼望之光中，這可以被視為收割之前必須有的撒種時間。「對賜生命的神的能力存信心，能將現時苦難的面貌改變……神向有這樣信心的人顯露一個隱藏著的神聖定律：流淚撒種與歡呼收割是不能分割的。」[28] 當然，這個定律在耶穌的受死和復活中也顯明了(參約十六20～22)。

在馬丁路得金同一篇的演說中，他說：

> 我有留意到你們當中有些人經歷了很多艱難苦難才來到這裏。你們當中有些人剛從狹窄的牢房中出來；有些人來自一些打擊你們的地區，你們要求自由，只換來逼迫狂飆的擊打，以及警察以暴力狂風似的搖撼你們。你們都飽受了人為的苦難。我們要繼續有信心相信，不應受的苦難是可以得補償的。
>
> 回到密西西比州；回到亞拉巴馬州；回到南卡羅來納州；回到喬治亞州；回到路易斯安那州；回到北方城市的貧民窟和少數民族聚居區——要知道，這種情況總可以被改變，也將會被改變。[29]

納米比亞的版本

甘美達牧師原本的埋怨詩我們已經引述過。他另外也寫了一些聖經詩篇的新版本。在這些非常不受拘束的版本中，他給予這些詩篇新的內容，表達出這些詩篇的根本意思。他所改寫的新版本詩篇一百二十六篇，取了1節下「做夢」的一般解釋，而不是我們上面所講，將它理解作「預示性的異象」。但他捕捉到1至4節的預言性，以及詩中以有期盼的歡樂蓋過現在的苦難的方法：

當我們的勝利像夜間的
　火炬一樣閃耀的那一天來到，
　那會像夢一樣。
我們會因歡喜而大笑高歌。
別國中會有人談論我們說：
　「耶和華為他們行了大事！」
耶和華果然為我們行了大事，
所以我們在患難中也歡喜。

耶和華啊！求祢打破羞辱和死亡的鎖鏈，
　好像祢復活那時，
　在那個榮耀的早上所作的。
願流淚撒公義和自由之種子的，
得到和平與復和為收穫。

願流淚出去為祢作愛的器具的，
　能歡樂地歌唱著回來，
　因他們將見證憎恨的消失，
以及祢的愛在世上彰顯。[30]

第五章

稅項的問題：耶穌交稅

耶穌在馬可福音十二章13至17節，對繳納貢金這問題的回答，經常被視為了解耶穌政治觀的權威性章節，並由此引申出深遠的結論（例如教會與國家的關係）。這不是沒有理由的。這**是**耶穌對政治的事情最清楚的一次評論（雖然也是惟一的一次）。這個評論是關於納稅這一個政治層面，這個政治層面亦最影響耶穌當時的人。可惜，這段經文常常被抽離於處境，在脱離耶穌時代的政治情況和脱離耶穌整體的教訓的情況下進行詮釋。此外，另一個耶穌談到納稅的場合（太十七24～27），卻多數被人忽略，極少將它聯繫於祂對上繳給該撒的言論。[1]

在這一章，我們會研究這兩段經文，在它們彼此間的關係裏，以及它們在耶穌的教導中的整體關係裏，仔細審察它們的教導。我們會尤其留意的是認識當時政治情況的處境，對了解當代人精確地釋經是如何重要。

聖殿稅

太十七24～27[2]

24 到了迦百農，有收丁稅的人來見彼得，
説：「你們的先生不納丁稅（丁稅約半舍客勒銀子）
嗎？」25 彼得説：「納。」他進了屋子，耶穌先向
他説：「西門，你的意思如何？世上的君王向誰
徵收各種費用及貢金？是向自己的兒子呢？是向
外人呢？」26 彼得説：「是向外人。」耶穌説：「既
然如此，兒子就可以免稅了。27 但恐怕觸犯（觸
犯：原文是絆倒）他們，你且往海邊去釣魚，把

先釣上來的魚拿起來，開了牠的口，必得一塊錢，可以拿去給他們，作你我的稅銀。」

（編按：譯文跟和合本稍有不同）

這裏所提的稅項是聖殿稅，每年每名成年猶太男子都要交半舍客勒銀子。這是聖殿的官員徵收的，用以補助耶路撒冷聖殿的公開獻祭敬拜的費用。這個稅項很可能是近耶穌時代才開始有的，但法利賽人和管理聖殿的撒都該人（祭司特權階級），根據出埃及記三十章11至16節（另參出三十八25～26），認為這是摩西所規定的稅。不過，在耶穌時代，有些猶太人否定這種對出埃及記三十章11至16節的解釋，因此也不承認有每年交半舍客勒銀子給聖殿的責任。對這個稅項的合法性有爭議的事實，也許能解釋收丁稅的人問彼得的問題（24節）：他們在查看耶穌是否承認有交這稅的責任。這一點很重要，我們要注意，聖殿稅被稱為稅，而不是一種自願的捐獻，並且法律規定每名成年男子交同樣的稅款，貧者也不能免。此外，這一種稅被視為**神**所徵收，也是直接交給**神**的稅。這是以色列是神治國家，由聖殿官員奉神的名管理的觀念之一。假如我們以現代的字彙去理解，以為這是一件宗教的事情**而不是**一件政治的事情，我們便錯了，因為以色列是一個宗教性的政治實體，宗教和政治的分別只是相對上的講法。大祭司和公會是猶太人的政府，奉神的名管治他們，並且「剛巧」也和羅馬的最高統治者合作。

耶穌在25節對彼得所問的問題確實有很多爭議。有些人認為祂是指君王不向自己的國民（「他們的兒子」）徵稅，只向外國臣服的百姓徵稅。這個解釋會引致帝國主義政策，為帝國剝削受統治國人民的利益。但在耶穌的情況，我們必須假設耶穌是為了帶出祂的論點而說誇張的話，因為在古代世界，君王一般都不會免自己百姓的稅。就以羅馬帝國為例，雖然大部分稅項的重擔都是由受統治國的人民（例如猶太人）承擔，但羅馬公民仍然要交稅。在耶穌所提到的兩種稅項中，他們只交間接的稅或收費（toll），而不是交直接的貢銀（tribute）。也有些人認為耶穌所說王的「兒子」是指王的家務管理者（他所聘請的人和高級行政官員），他們不用交稅，因為他們的生活所需要由王支付。不過，這不是耶穌的話最自然的解釋。我們似乎最好按字面解釋：君王不會叫子女交稅，只會叫他的子民交稅。

耶穌用地上君王的統治比喻神的統治，這完全是祂教訓的一貫特色。祂所爭論的，是假如我們要比較神——我們天上的君王統治祂子民的方法，以及地上的君王統治他們子民的方法，合適的比喻不是以他們統治**百姓**的方法作類比，而應該是用他們對待自己**兒女**的方法作類比。其中的特色是耶穌將神的父性，視為了解祂統治本質的關鍵。神不像地上的君王一樣治理祂的子民，卻像一位地上的父親。所以，正如君王不會向兒女徵稅，神既然是祂子民的父親，也不向祂的兒女徵稅。這裏耶穌不是要分別神的一些子民有「兒子」的特別權利，而其他子民則要交稅。神的子民全是祂的「兒子」。耶穌的教導，假設了作兒子是以色列作為一個國家、一個民族的**身分**（可七27；太八12，十五26）。耶穌的使命，是呼召以色列**滿足**這個身分，而這個更新了的以色列，是以祂的門徒為核心。

因此耶穌反對的是**神治稅**，是一個以神的名義向神的子民徵收的稅，因為這跟耶穌所了解神的統治方式有矛盾。（初期教會似乎也持這個觀點。請注意在哥林多後書八至九章，保羅怎樣細心避免讓人以為基督徒的奉獻像交稅一樣。）事實上，耶穌交聖殿稅是為了不「觸犯（或絆倒）」收稅的人。這些人應該是當地的人，他們執行這個職務以示效忠於神。他們很容易會以為，耶穌不交稅代表祂對這稅所支持的聖殿獻祭敬拜的批評。很多解經家覺得耶穌交稅的方法很尷尬，但祂這樣做是要強調祂的論點。這個神蹟顯明神不像一個向子民索取金錢的君王，相反，祂像一位父親，供應祂兒女的需要。神沒有叫彼得交聖殿稅的銀子，反而為他提供銀子。

徵稅的實在性

在這段經文裏，耶穌對徵稅的態度很顯然是負面的。假如神不向祂的子民徵稅，當中的含義至少是說，徵稅是一個十分不理想的政府制度。耶穌沒有否定地上君王向子民徵稅的權利，但祂所說的亦指出，他們這方面的統治，一點也不像神。

耶穌對徵稅的負面態度一點也不足為怪。交稅的重擔，是耶穌時代的一般百姓覺得政府欺壓他們的主要原因。猶太人覺得希律的統治等於羅馬的直接統治。事實上，希律安提帕在加利利所徵的稅，可能比羅馬政府向猶大徵收的稅還要重。對猶太人來說，交稅尤其是一個重擔，因為在這些民間的稅項之外，還有猶太宗教領袖加於他們身上的神治稅項：每年的十一奉獻和其他為祭司工作的奉獻；維持祭司和利未人生活的奉獻；每三年一次為照顧窮人的「第二個十一奉獻」；以及每年半舍客勒銀子的聖殿稅。此外，由於聖殿稅的目的是供應聖殿每天獻祭敬拜所需，原則上來說，不同形式的祭牲奉獻跟交稅並無分別。對一般要極力滿足這些需要的百姓來說，聖殿的神權政治，似乎很容易成為另一個層次的欺壓人的政府。而很多時，由祭司階層運作的聖殿，的確是一個欺壓人的政府。高級祭司家庭炫人的財富廣為百姓所不滿；他們控制了聖殿的財務，聖殿稅是他們最重要的收入。換句話說，以神的名義、為敬拜祂而徵收的稅，是百姓出了錢，卻讓神權統治階層——撒都該人得益。從這個角度來說，這跟「地上的君王」所徵收的稅項沒有分別。

我們要記住，在古代社會裏，徵稅是一般百姓最重的擔子，他們很難覺得徵稅會對他們有任何好處。這一點很重要。交稅只對統治階層有好處，對被統治者卻一點好處也沒有。高傲的羅馬總督在羅馬官員最好的傳統中，可能真會覺得「羅馬帝國統治下的和平」，是羅馬給世界的恩賜，這就如維多利亞時期的人看大英帝國一樣。在羅馬官員的眼中，羅馬政府徵收的稅，是維持帝國軍事力量和政府架構所需要的。換言之，帝國子民的和平安穩，全賴羅馬政府的看顧。像耶路撒冷祭司這些地方統治階層，他們與羅馬政權合作，也從中得益，因此很容易會接受這個觀點。但這當然是用來掩飾剝削的藉口，被剝削者很難認同。[3]對很多帝國子民來說，交稅既是一個經濟重擔，也象徵他們臣服於人。對外來事物抱懷疑態度，是猶太人的特性。他們說羅馬人建良好的橋梁，目的只是要向他們徵收過橋費。[4]專制獨裁、主人與奴隸形式的統治，百姓會覺得是剝削(參撒上八10～18)，而這觀點很多時都是對的。在耶穌時代的政府統治下，要交稅等於被人剝削。

從這一方面來說，耶穌對交稅的負面態度，與祂在其他地方所說對當時政府的觀點一致。祂指出當時一般百姓都覺得政府是欺壓人的：「你們知道，外邦人有尊為君王的，治理他們，有大臣操權管束他們。只是在你們中間，不是這樣……」(可十42～43；另參路二十二25～26)。在這裏，耶穌將祂當時看到的專制統治，跟在神的治理下事情會怎樣作一個對比。在馬太福音十七章25至26節，耶穌有同樣的關注。聖殿稅是以神名義向窮人徵收的重稅，因此代表神是一個暴君，剝削祂的子民。但神的統治不是這樣的！

耶穌在聖殿所作的示範

我們對馬太福音十七章24至27節，耶穌對聖殿稅的態度，可以幫助我們了解祂生平中的一件事情。這件事情一般稱作「潔淨聖殿」，其實應該稱為「耶穌在聖殿所作的示範」，因為這是一種先知式的行動，抗議在聖殿外院發生的事情(可十一15～17)。[5]這個抗議其中一個元素，是耶穌推倒兌換銀錢之人的桌子的行動。

兌換銀錢之人在逾越節之前的時候出現在聖殿的外院，因為那正是要交聖殿稅的時期，需要兌換銀錢之人為百姓兌換正確的貨幣（所謂的「聖殿舍客勒」）交稅。兌換銀錢不是在聖殿區進行的私營事業，而是由聖殿庫房組織促成，也肯定是由聖殿人員運作的業務。耶穌推倒兌換銀錢之人的桌子，因為他們最能表彰和讓人看見徵收聖殿稅的運作代表。祂不是像一些人所說的，暗示兌換銀錢不可在聖殿區進行，卻可以在別的地方進行。祂也不是像很多人所認為的，指兌換銀錢的人詐騙顧客和謀取暴利。耶穌反對的，是兌換銀錢的人所促進的稅項本身，以及那些以神的名義徵收聖殿稅的人。

推倒兌換銀錢之人的桌子的行動，是耶穌反對聖殿的財務生意的抗議行動之一（可十一15～16；另參約二14～16）。這幫助我們看見，耶穌反對聖殿稅，是祂那更大的抗議的一部分。祂抗議的是：祭司階層將聖殿的財務營運成賺錢的生意；他們不但沒有促進敬拜，更將經濟重擔放在百姓身上，並且一切都以**神的**管治為名。在耶穌暫時中止的商業運作中，特別提到售賣鴿子作奉獻（可十一15；太二十一12），這很有意思。鴿子是窮人的祭物。在某一些情況下，鴿子是人人都要奉獻的祭物（利十五14、29；民六10）。但在大多數情況，鴿子是那些不能負擔昂貴祭牲的人獻祭的代替品。不但自願的奉獻可以如此（利一14），某幾種必須的獻祭也可以（利五7，十二6～8，十四22），因此獻鴿子對窮人來說，類似另一種給神的稅。一個窮人大概只在極少情況獻鴿子以外的祭牲，大多數都獻鴿子。耶穌批評的，不是獻祭的制度，而是聖殿擁有售賣合於獻祭的鴿子的專利，因此可以將鴿子的價格維持於高水平，為聖殿庫房帶來不少收入。換言之，特別為窮人而設、批准他們奉獻較廉價的祭牲，令他們可以敬拜的律法，應用得過於極端，反而成了窮人的財務負擔。

耶穌用經文對這個情況作評論(可十一17)，講出聖殿官員將它濫用，恰當地對比了神給聖殿的目的。聖殿要成為「禱告的殿」(賽五十六7)，就是讓神的恩典可以臨到祂所有百姓的地方；百姓的獻祭敬拜是他們禱告的媒介。可是祭司階層卻使它成了「賊窩」(耶七11)，也就是說，聖殿成了他們掠奪百姓的基地。他們阻礙了獻祭膜拜的真正目的，反將它變為斂財的途徑。結果，人代表的神的統治，只會像外邦人的君王一樣。窮人所見由聖殿官員代表的神，不是一位供應祂子民的天父上帝，而是准許經濟壓迫的神。

納稅給該撒

馬可福音十二章13至17節

[13] 後來，他們打發幾個法利賽人和幾個希律黨的人到耶穌那裏，要就著他的話陷害他。[14] 他們來了，就對他說：「夫子，我們知道你是誠實的，甚麼人你都不徇情面；因為你不看人的外貌，乃是誠誠實實傳神的道。納稅給該撒可以不可以？

> 15 我們該納不該納？」耶穌知道他們的假意，就
> 對他們說：「你們為甚麼試探我？拿一個銀錢來
> 給我看！」16 他們就拿了來。耶穌說：「這像和
> 這號是誰的？」他們說：「是該撒的。」17 耶穌說：
> 「該撒的物當歸給該撒，神的物當歸給神。」他們
> 就很希奇他。

這裏所提的稅，是耶穌在馬太福音十七章25節所指的第二種稅。這是貢金，是一種在羅馬直轄的省分直接交給羅馬政府的稅，因此那時在猶大的人須繳納，而在加利利的人則不須繳納。如此一來，這以一種令猶太人惱恨的方式清楚向他們顯示了，他們是臣服於外邦人的統治之下；尤其是交這種稅要用羅馬錢幣，上有外邦帝王偶像般的像。[6]

驟眼看來，似乎很難將耶穌對這種羅馬稅項的態度，以及祂對聖殿稅的態度協調。雖然祂拒絕繳付所謂的「神治稅項」，認為這不合神的統治，但這裏祂似乎接受羅馬政府徵稅的合法性，沒有理會它的欺壓性。不過這時留意法利賽人和希律黨人問那條帶陰謀的問題，在爭論的處境中去理解它，是非常重要的。自公元六年，「加利利的猶大起來」（徒五37），羅馬政府要他們向該撒上繳貢金開始，猶太人一直抗拒——不單是為經濟的理由，更是為宗教政治的理由。奮銳黨人[7] 認為以色列的土地屬於神，只有神才是祂百姓的合法統治者，該撒對神的子民沒有合理的主權。上繳貢金給該撒等於承認他的統治，也象徵他們甘願作奴隸。因此，奮銳黨人認為應該

停止上繳。奮鋭黨人的運動將對外族統治的不滿，以及反對重稅的擔子連在一起。因此，反對上繳貢金給該撒便成為最容易贏得羣眾支持起義對抗羅馬的理據。[8]

耶穌的敵人很明顯想引導耶穌講出支持奮鋭黨人的言論，因為這對羅馬政府來説是非常危險的煽動（參路二十三2）。他們希望耶穌的言論叫羅馬政府和猶太人都歸咎祂：祂不但像奮鋭黨人一樣，講到神的國要到來；並且，祂有時對外邦政府的言論也不會受猶太人歡迎（太十七25；可十42）。

可是，耶穌的回答卻是直接反對奮鋭黨的：百姓屬神，跟該撒有權徵税並沒有矛盾。祂以一個兩重的論據表達這一點。第一重的論據是有該撒的像的東西很明顯屬於他，也應該歸給他。這是一個修辭的論點多於一個邏輯性的論點。雖然它有一點「迎合對方感情的議論」的用處，但卻不能實在證明這一點。不過對於猶太人對錢幣上的像的偶像本質的敏感性，這一點是十分重要的。我不認為耶穌是指既然這種抵觸神律法的錢幣屬於外邦人，因此應該交回他們。[9] 拜偶像的問題沒有這麼簡單。對奮鋭黨來説，錢幣的偶像本質指出該撒徵税是更基本的偶像崇拜：該撒向神的子民徵税，是篡奪了神的主權。所以，用有該撒的像的錢幣繳納貢金給該撒，等於承認他褻瀆地聲稱擁有的權利——一種只有神才擁有的權利。但耶穌特意將拜偶像的問題整個拋開。對祂來説，錢幣上的像有一個很不同的意思：這是一個合法擁有權的記號，指出該撒有合法的權利向他的猶太人民徵税。

第二重的論據，是耶穌以某種意義將該撒的權利跟神的權利分別開來。這是奮鋭黨人拒絕去做的。對他們來說，神的權利是無可比擬的，該撒所宣稱的權利是不合法的。耶穌卻從另一方面看，祂引用舊約提到「神和王的事」是有分別的（代上二十六32；另參二十六30；代下十九11），[10] 由此證明經文不支持奮鋭黨人的觀點。依我看來，這個舊約的背景給耶穌的說話最終的勝利，確定那些以其他方法理解耶穌的話、不給予該撒有徵稅權利的人是不對的。[11] 我們要注意，舊約這一句指到猶太人的王的語句，耶穌樂意應用在該撒身上。耶穌認為外邦的君王跟猶大的統治者有同樣的徵稅權。假如這叫耶穌跟當時猶太人的愛國主義格格不入，祂的言論卻跟舊約沒有矛盾。舊約從沒有反對巴比倫和波斯帝國向猶大徵稅。[12]

我們再一次看見，耶穌的宣告目的是針對奮鋭黨人的觀點。祂很明顯只是作了一個有限的論點。祂沒有為該撒的權力範圍與神的權力範圍，作一個絕對的區分，就好像政治的事情不關神的事。這絕少可能發生，因為耶穌和祂的猶太人聽眾都理所當然地認為，神的律法應該用於生活的所有層面上。耶穌所用的兩段舊約經文，為「神的事」和「王的事」作了一個實效性的分別，而不是普遍神學性的分別。耶穌不是說神沒有權管該撒的事，而是神的權力沒有**排斥**該撒的權力。當然，該撒運用他徵稅的權力，有時可能與神的律法有衝突。他可能會濫用他的權力，但這權力本身是神的律法所容許的。耶穌想要說的，只是這一點。

所以，耶穌的話跟現代人宣稱教會不應該牽涉政治，沒有甚麼共同的地方。但耶穌的言論反對當時一些猶太人中間非常流行的思想，就是神權政治。耶穌跟奮鋭黨人的討論，常常給人一個印象，以為政治暴力是兩者主要不同之處，但這一章讓我們看見，兩者有更廣闊的分別。

耶穌與猶太人的政治

我們看過兩個耶穌的教導(聖殿税和上繳貢金給該撒)，我們將這兩個教導作一個比較，便會發現一些有趣的結果。耶穌主要反對的，是神權政治——無論是聖殿官員以神對祂百姓的主權的名義徵税的形式，還是奮鋭黨人反對羅馬政府以神對祂百姓的主權的名義徵税的形式。耶穌在聖殿税事情上的教導，為祂在上繳貢金給該撒的事情上反對奮鋭黨人給了我們一些提示。根據耶穌的話，神不像世上的君王一般統治祂的百姓。例如祂不會視他們為應該向祂交税的子民。但奮鋭黨人真正關心的不是這一種分別，他們只想將主權(包括徵税的權利)，從該撒歸回神。可以想像，奮鋭黨人的政府**除了**是猶太人的政府奉神的名來治理之外，它跟該撒的政府不會有太大的分別。所以，耶穌時代的猶太人所鼓吹的神權政策，沒有履行耶穌所理解的神治方式。這些政策措施，多數以「神」來作為他們一般政治目的觀念上的藉口。對奮鋭黨人，他們的目的是國家的主權。説到底，這跟該撒自稱為神並沒有多大分別。

耶穌當然覺得羅馬政府是欺壓人的政府，祂對外邦王的評語已經證明這一點。在第一世紀，在巴勒斯坦像耶穌那樣關心平民百姓的人，一定會有這樣的看法。但對耶穌來說，問題不是由猶太人還是外邦人統治。真正的問題，是神統治祂百姓的本質。因此當耶穌到達耶路撒冷時，祂所攻擊的對象不是彼拉多，而是聖殿的官員——猶太人神治社會的領袖，他們不稱職地以欺壓來代表神的統治，又以神的統治作為他們欺壓人的能力的特許。

當然，外邦人的統治是欺壓性的，這一點耶穌根本不用說。祂覺得需要提出的，是神的子民在神的統治之下，應該與外邦人有**分別**。假如猶太人只愛他們的猶太同胞，憎恨與他們為敵的民族，他們跟外邦人沒有分別（太五43～47）。假如神的子民只關心物質的安穩和豐富，他們跟外邦人沒有分別（太六32）。假如有可能成為神子民領袖的人爭逐權力和名聲，他們好不過外邦人的君王（可十42～44）。神的統治跟地上君王的統治截然不同，因此，按著神的統治而過的生活，會跟一般人的日常生活有分別。這種生活會反映神對祂的子民像父親般的看顧，以及祂對所有民族一視同仁的關心（太五45）。這種生活的特色是對神的供應絕對信靠（太六25～33）、為他人作犧牲的服事（可十43～45），以及愛仇敵（太五38～47）。

在耶穌時代，猶太人不同的政治取向跟羅馬政府一樣，都不會太關心以上事情的價值。改朝換代不會對耶穌所理解的神治有多少進展和幫助。耶穌優先考慮的，是內心根本的改變，以及神的百姓更新他們與神的關係。但這不是說，這種內心的改變與政治無關。

沒有徵稅不……

顯然，耶穌絕對不是由衷推許羅馬帝國的徵稅制度。向附庸國人民徵稅一點也不像神治的方式；這一點也不是效法耶穌吩咐門徒所遵行的神的道（太五45、48）。但反過來說，耶穌也沒有否認該撒有權徵稅。神的律法容許徵稅，因為人間政府不能沒有稅收。

耶穌對徵稅有雙重態度——不承認神向祂子民徵稅的觀念，以及接納政府收稅的合法性。這在保羅的書信中再出現，他一方面接受羅馬政府有權向它的子民（包括基督徒）徵稅（羅十三6～7），但另一方面極小心地描述，他為耶路撒冷窮苦的基督徒所收集的金錢是與稅金有分別的。他強調所收集的款項的價值，在於它是自願的。這是出於愛心的事情，不是出於勉強的事情。每一個人必須自定他願意獻上的數目（羅十五26～27；林後八3～5、8，九5、7）。我們也可以注意到，所收集款項的目的，是為窮人重新分配財富（林後八14）。這也反映了神統治的本質，比當時大多數的徵稅形式更好，因為徵稅偏向於利用窮人的錢使統治階層得益。保羅收集款項很好地說明了，在耶穌所理解的神的國中，是甚麼代替了徵稅。

在耶穌和保羅的時代，在神的統治下生活的理想典型，以及近似這典型的耶穌門徒的生活，只會對現代的政治制度起批判的作用。但人間政府和神的統治之間，是不是因此**無可避免**地存著一道鴻溝？人間政府可以在某程度上反映神的統治的原則嗎？

人間政府不能**成為**神的統治。從這一方面來說，神權政治是一個危險的幻象。一個自以為是神治的政府，幾乎一定會令自己絕對化，否認它的政策和措施中存在的道德含糊性，拒絕聽取批評和壓抑異議，並會在自圓其說的壓制中失去它的理想。好的政府需要承認人會犯錯誤的限制；這需要它謙卑地記住它和神的國之間的縫隙。所以對神權政治的宣稱，常常需要壓力的抗衡，正如耶穌所作的；祂將神的道，跟祂實際觀察人間政府的事實作對比。

在抗拒神權政治誘惑的同時，人間政府或基督徒參與人間政府者，可在環境和人心硬的程度容許之下，可以嘗試效法神的統治的原則。他們不能廢除稅收，只靠自願的捐獻(像神一樣)。但他們可以比該撒的政府做得更接近理想，就是交稅的人都是心甘情願的，作為對大家都好的公平捐獻。人心充滿罪性，那些不願意為大家的好處捐獻的人，會常常覺得交稅是強迫性的。但當交稅被視為有益大眾——尤其對那些有需要的人，而不是統治階層——而且以一個公認公平的方法徵收，[13]並且在一個政府向人民負責的民主制度中進行時，徵稅制度便不需要是一個社會剝削的形式，而可以是一個近乎社羣關愛的形式。

第六章

墮落的城市：

啟示錄十八章

新約書卷對羅馬帝國的態度，會按著教會當時的環境和寫作地點的不同而有所變更。但從較早期的基督教歷史開始，羅馬政府要求所有屬國百姓，以宗教的形式表達他們絕對的政治忠誠，例如要敬拜羅馬皇帝和羅馬的眾神。這引起了斷續零散的矛盾衝突。這個要求，正遇著基督徒除了基督之外，拒絕承認任何絕對的「主」。這個與國家無可避免的衝突，在啟示錄一書中最能清楚看見。啟示錄用啟示的文學形式，掩藏第一世紀末期政治情況的深廣宗教真理。本書一個顯著的特色，是它沒有將它對羅馬政府的批評，局限於羅馬政府對基督徒的逼迫，卻將這件事情，看為將深藏於整個羅馬帝國勢力系統中的罪惡的浮現。這個特色令啟示錄成為對羅馬政府最猛烈的攻擊之一，並且成為在羅馬帝國早期，最有效力的政治對抗文學之一。我們會以啟示錄十八章，作為它對羅馬政府的批評的例子。

啟示錄十八章

1 此後，我看見另有一位有大權柄的天使從天降
下，地就因他的榮耀發光。2 他大聲喊著說：
「巴比倫大城傾倒了！傾倒了！
成了鬼魔的住處和各樣污穢之靈的巢穴（或
譯：牢獄；下同），
並各樣污穢可憎之雀鳥的巢穴。
3 因為列國都被她邪淫大怒的酒傾倒了。
地上的君王與她行淫；

地上的客商因她奢華太過就發了財。」
4 我又聽見從天上有聲音說：
「我的民哪，你們要從那城出來，免得與她
一同有罪，受她所受的災殃；
5 因她的罪惡滔天；她的不義神已經想起來了。
6 她怎樣待人，也要怎樣待她，
按她所行的加倍地報應她；
用她調酒的杯加倍地調給她喝。
7 她怎樣榮耀自己，怎樣奢華，
也當叫她照樣痛苦悲哀，
因她心裏說：
『我坐了皇后的位，
並不是寡婦，
決不至於悲哀。』
8 所以在一天之內，
她的災殃要一齊來到，
就是死亡、悲哀、饑荒。
她又要被火燒盡了，因為審判她的主神大
有能力。」
9 地上的君王，素來與她行淫、一同奢華的，看
見燒她的煙，就必為她哭泣哀號。10 因怕她的痛
苦，就遠遠地站著說：
「哀哉！哀哉！
巴比倫大城，堅固的城啊，
一時之間你的刑罰就來到了。」
11 地上的客商也都為她哭泣悲哀，因為沒有人再

買他們的貨物了；12 這貨物就是金、銀、寶石、
珍珠、細麻布、紫色料、綢子、朱紅色料、各樣
香木、各樣象牙的器皿、各樣寶貴的木頭，和銅、
鐵、漢白玉的器皿，13 並肉桂、荳蔻、香料、香
膏、乳香、酒、油、細麵、麥子、牛、羊、車、
馬，和奴僕、人口。

14「巴比倫哪，你所貪愛的果子離開了你；
你一切的珍饈美味，
和華美的物件也從你中間毀滅，
決不能再見了。」

15 販賣這些貨物、藉著她發了財的客商，因怕她
的痛苦，就遠遠地站著哭泣悲哀，說：

16「哀哉！哀哉！這大城啊，
素常穿著細麻、
紫色、朱紅色的衣服，
又用金子、寶石，和珍珠為妝飾。
17 一時之間，這麼大的富厚就歸於無有了。」

凡船主和坐船往各處去的，並眾水手，連所有靠
海為業的，都遠遠的站著，18 看見燒她的煙，就
喊著說：

「有何城能比這大城呢？」

19 他們又把塵土撒在頭上，哭泣悲哀，喊著說：

「哀哉！哀哉！這大城啊。
凡有船在海中的，都因她的珍寶成了富足！
她在一時之間就成了荒場！」

20「天哪，眾聖徒、眾使徒、眾先知啊，你們

都要因她歡喜，因為神已經在她身上伸了你們
的冤！」
21 有一位大力的天使舉起一塊石頭，好像大磨石，
扔在海裏，說：
「巴比倫大城也必這樣猛力的被扔下去，
決不能再見了。
22 彈琴、作樂、吹笛、吹號的聲音，
在你中間決不能再聽見；
各行手藝人
在你中間決不能再遇見；
推磨的聲音
在你中間決不能再聽見；
23 燈光
在你中間決不能再照耀；
新郎和新婦的聲音，
在你中間決不能再聽見。
你的客商原來是地上的尊貴人；
萬國也被你的邪術迷惑了。
24 先知和聖徒，並地上一切被殺之人的血，都在
這城裏看見了。

羅馬是獸和大淫婦

啟示錄一書，使用了羅馬的邪惡勢力兩個主要而相配的形象。一個是十三章所講的「從海中上來的獸」。它代表帝國勢力，代表羅馬皇帝是一個政治制度，更特別

代表羅馬帝國賴以立國的**軍事力量**。另一個形象是十四章8節初次提到的巴比倫大城，然後在十七章將它描述為「大淫婦」。巴比倫是「羅馬之城」，（建在七座山上；十七9），它代表羅馬帝國，更特別指它對帝國人民的**腐敗影響**。十七章將這兩個形象連在一起：大淫婦在獸的七頭上作王（十七3、9～10）。換句話說，羅馬文化的腐敗影響，騎在羅馬軍事力量的背上。羅馬城因軍事佔領而愈顯偉大，為它帶來財富和力量，並將它的經濟和文化影響力，隨著帝國的軍隊帶到世界。

約翰不會忘記羅馬的勢力來自戰爭和佔領，但他也知道不能將它的勢力來源縮窄到只有軍事。除了獸那銳不可擋的軍事力量外，還有大淫婦騙人的花言巧語。我們在這一章會集中討論後者。

在約翰的時代，羅馬勢力的撒但與敵基督本質，最明顯可見於羅馬的國家宗教──國家的權力被神化，所有百姓都要敬拜它。約翰用以代表羅馬勢力的兩個獨特形象──獸和淫婦城，也許是被這個國家的宗教特色所啟發。這個國家宗教不但包括敬拜神化了的皇帝，也敬拜羅馬女神（Roma），她就像羅馬的化身。當讀者看到約翰在啟示錄十七章的婦人，看到描述她真正性格的形象，可能會認出她是羅馬女神，[1] 因為她是一個羅馬妓女，她額前的束髮帶有她的名號（十七5），就像羅馬街上的妓女一般。[2]

約翰在十三章4節描述對帝國膜拜的動力：百姓「拜獸，說：『誰能比這獸，誰能與牠交戰呢？』」羅馬銳不可擋的軍事力量看來很神聖，十分引人崇拜。與這一節經文大致平行的是十八章18節，它指到巴比倫。那些為這大城傾倒而哀哭的人喊著說：「有何城能比這大城呢？」羅馬的財富和顯赫引來羨慕，正如她的軍事力量，其壯大引來艷羨，亦引來被震攝的崇拜。但我們不能過於執著這一點。大淫婦的形象可能來自羅馬女神，但約翰並沒有將她像獸一樣描繪成一個敬拜的對象。他要說的不止這樣——她用她腐敗的影響力，鼓吹羅馬的偶像宗教。但巴比倫口出驕傲的話，將自己神化：「我坐了皇后的位，並不是寡婦，決不至於悲哀」（十八7）。這不但重複古代巴比倫的狂言（賽四十七7～8），也仿效當時羅馬自以為「永恆之城」的自我吹噓。[3] 這個相信自己永不會衰落的城市，她的衰落在啟示錄十八章宣告了。

「羅馬帝國統治下的和平」之謬誤

約翰承認很多羅馬百姓歡迎和欣賞她的統治。羅馬統治被認為有的好處，藉著帝國的宣傳推廣，所用的是一句著名的片語：羅馬帝國統治下的和平。羅馬被認為給地中海世界帶來統一、穩定、安全和繁榮的條件。一塊在哈里加拿索斯（Halicarnassus）感謝羅馬皇帝奧古士督（Augustus）的石碑，碑文稱頌他為「全人類的救主」：

> 陸上和海上俱有平安，於良好之法律制度下，各城市興盛繁榮、豐衣足食、百物充盈，百姓安於現在，憧憬將來。[4]

可是，從約翰先知的角度看來，這些明顯的益處並不像表面那麼好：它們只是妓女的小恩小惠，是要付上極大代價的。

妓女的形象是約翰對羅馬的理解中至為重要的部分。即使當他在十八章講的主要是羅馬城時，他也不忘記這城是一個妓女。因此，在十七章1至6節的描述所用的字眼，跟十八章3節（另參十七2）和16節（另參十八4）互相呼應。基本的概念當然是那些跟妓女在一起的人會付錢給她。但羅馬不是普通的妓女，她是富有的高等妓女；她昂貴的服飾和珠寶，指出她以情人的花費來維持她奢華的生活方式。在十八章16節，妓女的服飾和珠寶用相同的字眼再描述一次，給我們解釋這幅圖畫的意思。十八章12至13節所列的所有華貴物品，顯然是羅馬城財富的隱喻；這些財富由整個帝國龐大的貿易網絡帶到羅馬。換句話說，羅馬是一名妓女，因為她與她帝國人民的交往，都是為了自己的經濟利益。「羅馬帝國統治下的和平」，其實是一種剝削帝國人民的經濟制度。為了得到羅馬的小恩小惠，即「羅馬帝國統治下的和平」帶來的安定繁榮，她的情人要付上極高的代價。她的人民所付給她的，遠多於她給予他們的。

當然，在羅馬的權力和經濟的控制之下，有一些既得利益者：君王、商人和航海的人（十八9～19）。關於這些分享到羅馬的利益的人，我們稍後才討論。然而很多被羅馬剝削的人民，本身卻看不見這一點。他們被羅馬的宣傳說服了；他們目眩於羅馬的榮耀，被「羅馬帝國統治下的和平」應允他們的好處引誘。關於這些謊話，約翰用另外兩個由妓女的形象延伸出來的比喻來描述。當他指妓女的影響力沒有影響統治階層，卻影響帝國的子民時，他説她給他們喝醉她淫亂的酒（十四8；十七2；十八3），或者用邪術迷惑他們（十八23）。後者也許指到妓女迷惑客人的邪術（就如鴻三4所講的），或者只是用另一個形象——女巫——描述羅馬（參賽四十七12）。無論是哪一個解釋，約翰的意思都很明顯。羅馬本國及屬國的老百姓歡迎她的統治，只因為她欺騙和引誘他們。他們被妓女的花言巧語及做生意的計謀説服了。

由此可見，啟示錄十七至十八章的妓女形象，主要的意思是經濟方面的。這跟這個形象一個舊約的來源相符；在以賽亞書二十三章15至18節，推羅也被稱為妓女。那段經文的意思，顯然是指使推羅致富的龐大貿易活動。先知將推羅的商貿企業與妓女相比，因為它們都與利益的概念有關。約翰很可能心裏也想著這一段經文，因為我們看下去便知道，他對巴比倫傾倒的預言，不單來自舊約中反對巴比倫的諭示，也來自舊約中反對推羅的神諭。但他也應該留意到，舊約另一個更普遍用妓女作的比喻。[5]在這裏，拜偶像的宗教被形容為與妓女行淫，因為當神的子民吸收了外邦的宗教習俗，他們便是對他們的丈夫不忠，即對神不忠，與別神「行邪淫」（例子：耶三）。舊約中這個妓女的喻象的意思，只可嚴格地應用於神的子民，但當約翰指到那淫婦的城的**腐敗**影響力時（十九2），他很可能利用了傳統上將妓女與拜偶像宗教相連的傳統意思。當約翰描述她叫人喝醉的金杯為「滿了可憎之物」(十七4)，又說她「作世上的淫婦和一切可憎之物的母〔亦即母城，大都會〕」(十七5)，按著舊約對「可憎」一詞的習慣用法，指的是拜偶像的宗教。當然，羅馬帝國不是所有羅馬拜偶像的宗教的始作俑者。在她佔領這些土地之前，大部分拜偶像的宗教已經存在。不過在羅馬帝國社會的各方面，外邦宗教都牽涉其中，與帝國的經濟生活緊密地結合在一起，尤其當被認為令人得益的羅馬統治伸延開去時，常包括對帝國的膜拜。「羅馬帝國統治下的和平」(淫婦使人喝醉的杯)其中一個謬誤，是人民對皇帝的感謝之情，將他當作神聖的救世者來敬拜，因他為他們帶來福祉。羅馬的政治宗教，是最差的假宗教，因為它將羅馬對人民宣稱的擁有權絕對化，以宗教忠誠作為外殼，遮掩它對人民的剝削。所以對約翰來說，羅馬的經濟剝削與她國家宗教的腐敗影響力是相關聯的。

羅馬是巴比倫和推羅的繼承者

整卷啟示錄都引用舊約，十八章更充滿了舊約的影子：它每一節最少都與一段舊約經文相關。[6] 約翰非常有意要按著歷史悠久的先知式神諭來寫書，因此他不斷回應和再應用前輩先知所說的神諭。在這一章，他採用與舊約神諭相同的文學形式、片語和意思，以詩的形式為羅馬的命運寫了一篇神諭。不過對約翰來說，這些神諭不止是文學創作的來源。它們是神諭——它們不但適用於在羅馬之前作惡的國度，也適用於羅馬。

啟示錄十八章有兩個主要的舊約來源：耶利米所宣講，反對巴比倫的偉大神諭（耶五十～五十一章），並以西結所講，反對推羅的偉大神諭（結二十六～二十八章）。但它也引用另外四個較短的反巴比倫神諭，這些神諭可在舊約先知的言論中找到（賽十三1～14、23，二十一1～10，四十七章；耶二十五12～38）。當然，約翰使用巴比倫作為羅馬的代號，已經暗示了以上對巴比倫所作的神諭適用於羅馬。沒有一個舊約城市像羅馬一樣，可以更配稱為「管轄地上眾王的大城」（十七18）。羅馬像舊約的巴比倫一樣，是一個驕傲、拜偶像、壓制人的帝國，作為征服和壓制神子民的強權，這一點與巴比倫尤其相像。羅馬以它政治和宗教的措施對抗神，表明自己是巴比倫的繼承者。但我們要注意一件重要的事情，就是以西結為推羅所講的神諭對啟示錄十八章所起的作用，跟耶利米和以賽亞為巴比倫所講的神諭一樣。這一章的中央部分，藉著君王、商人和航海者所唱的輓歌來看巴比倫的衰落（9～19節），靈感來自以西結描述推羅衰落的類似景象（結二十六15～二十七章，三十六章）。假如羅馬是巴比倫政治和宗教活動的繼承者，她也是推羅經濟活動的繼承者。因為推羅是舊約時期最蓬勃的貿易中心，通過與古代世界各國做生意而愈來愈富有和驕傲。推羅不像巴比倫以政治帝國著名，她以經濟帝國聞名。所以，約翰將他對羅馬的憤怒集中於她的**經濟**剝削，也對她**這**方面的罪惡宣告審判，將以西結對推羅說的神諭再應用於反對羅馬之上。因此，舊約的背景幫助我們看見，在啟示錄十八章對羅馬的譴責中，經濟的主題是多麼主要。

明白了這一章的舊約背景，亦能幫助我們看見這段經文的重要性和適切性。它向我們顯明，無論是舊約還是新約的預言，都能譴責先知當時的社會，但這些預言同時也是一個範例，可以再次應用於後世犯類似罪惡的社會上。我們將會看見，在約翰故意使用舊約的語言中，他對羅馬商業活動的譴責，是明顯地具體而特定的。他不但視羅馬為第二個推羅，也看她為當時真實存在的國家。假如他不這樣做，他先知式的攻擊便沒有擊中目標。

不過他同時可以將舊約預言從它本身舊約歷史的特定目標，轉移到羅馬當代的新目標。耶利米為巴比倫所說的神諭的意義，不是在古巴比倫亡於敵人(波斯的古列大帝)之後便消失掉。作出合適的調節之後，這個預言的主要核心可以在約翰時代的新巴比倫找到嶄新和頗為合適的詮釋。同樣，約翰的神諭的應用範圍超越了古羅馬的時空範圍。這案例尤其確實是這樣，因為約翰視羅馬為歷史上所有邪惡帝國的累積。啟示錄十八章裏的巴比倫，集兩個罪惡滔天的城市——巴比倫和推羅——的先知神諭為一，[7] 正如啟示錄十三章1至2節裏的獸，集合了但以理在異象中見到的四個獸的特點一樣(但七3～8)。事實上，約翰所講的巴比倫，是創世記十一章由巴別(即巴比倫)開創的事業的最後高峯；那是一直以來，組織人類社會對抗神的人類事業。巴別塔只是「以後他們所要做的事」的開始(創十一6)；巴比倫大城是最後的結果。在這理解底下，約翰所講的巴比倫包括了羅馬之前所有的國家。因著這一重的意思，羅馬不但因為當時擴展她的帝國殺人而有罪，也因「地上一切被殺之人的血」而有罪（啟十八24）。

所以啟示錄裏面的巴比倫不但是當時羅馬的異象式形象，也是一個教會式形象。換句話說，她超越自己本來的指向性，成了整個有組織的人類罪惡歷史的象徵；她的衰落將是歷史的終結。在啟示錄中，巴比倫傾倒了（十八章），新耶路撒冷因此可以從天降下，在復活的新世界中作神永恆國度的首都（二十一章）。中間的連接可以在啟示錄十九章1至8節清楚看到。正如巴比倫大城既包括了所有羅馬之前的國家一樣，因此對我們來說，她也必定包括世界邪惡帝國、政治、宗教和經濟歷史上，所有在羅馬帝國之後的國家。約翰的反羅馬神諭是公義的判斷，所有與這神諭相符的國家都必須承受這判斷。

因此，當我們看約翰的預言的廣泛包容性時，同時注意它的特定性與概括性，是十分重要的關鍵。這包容性的特徵是，在羅馬實在的邪惡中非常準確地觸及當時要譴責的目標。約翰的第一手讀者很容易便可以看得出來。而它同時也可以讓以後的讀者不斷在世界找到新目標。但它原來的特定性提醒我們，今天我們不能只作普遍的應用。假如啟示錄是要啟迪我們當代的社會，它不會用模棱兩可的言語，普遍地說出「人類社會正與神對抗」。我們要像約翰一樣，辨明現今世界中巴比倫的邪惡。我們要從政治和經濟方面分析它們。當然，啟示錄的特定應用很容易被濫用：有些人會說某某政權是約翰所預言**那**邪惡帝國，是人類最後的帝國，它快將到來的衰落將會是歷史的終結。這不是讀啟示式預言的方法。

特定的應用也可以被濫用為意識形態的武器；將敵國說成是邪惡的巴比倫可以令對方成為魔鬼，以增加和保持敵意。但約翰的預言卻相反，它有一個令人頗為困擾的特點，那是聖經預言常常都有的。就如我們將會看見的，它對其他人(羅馬之城)的譴責，也回到它的讀者(亞西亞七間教會的基督徒)身上，給他們構成一個頗為痛苦的挑戰。但在解釋啟示錄十八章的特點之前，說明這一章怎樣應用於當時的羅馬會很有用處。

「你一切的窮奢極侈與耀目的戰利品」[8]

啟示錄十八章12至13節所列運到羅馬的貨物，值得細心留意。它的舊約先例是以西結對推羅貿易的記錄(結二十七12～24)。雖然兩張清單有很多相同的物件，但約翰的清單決不是依樣畫葫蘆。相反，約翰的清單雖然不是無所不包，卻非常有代表性，它準確地列出從約翰當時已知的世界中，流進羅馬的奢華貨物。以西結清單中沒有的貨品(例如絲綢、珍珠、漢白玉的器皿、香木、細麵、車等)，約翰都包括在清單中，作為羅馬昂貴品味的高價特色。除了個別物品的羅列不同之外，以西結對推羅貿易的記錄，跟約翰對羅馬貿易的記錄有另一個很重要的不同之處。所有途經推羅的貿易，推羅都是它們的中間人，她因轉售貨物而得利發財。但羅馬卻是所有約翰所列的昂貴貨物的終點站。羅馬是這些貨品的顧客。我們不用說也知道，羅馬的富有，是從掠奪屬國和向他們徵稅而來。她用屬國的財富揮霍在這幾節所列的奢華貨物之中。這是巴比倫這個極度花費的大淫婦，騎在獸這個軍事征服者的背上的其中一個意思。

第二世紀中為羅馬寫了一篇頌辭的亞里斯泰斯 (Aelius Aristides)，描述了當時已知世界各地的貨物如何湧進羅馬：

> 因此，假如有人要看這一切的東西，他一是走遍世界各地，一是在這城中看……所以每天的每時每刻，每個民族都有很多商船運載著每一種的貨物到來。所以，這個城市就像全世界共同的工廠……所以一切物品都齊集這裏；貿易、航海、農業、採礦、各種現存和失傳的手藝、所有造出來和種出來的東西。假如有甚麼東西你沒有在這裏看見，那一定是一些現今不存在亦不曾存在過的東西。[9]

這一點，約翰的清單已經有很好的說明：西班牙的銀子、摩洛哥的香木、埃及的麥子和細麵、腓尼基的紫色染料、希臘的馬、南阿拉伯的乳香、來自印度的象牙、香料、香膏和珠寶，並中國的絲綢與肉桂。絲綢等貨物要跨越千山萬水才能運到羅馬，因此像黃金一樣昂貴。清單所列的貨品幾乎都是奢侈品，迎合羅馬上層社會的庸俗奢華。

對屬國的剝削為羅馬的上層社會帶來過多的財富，他們不斷要找方法以炫耀和揮霍的方式花去這些財富。一些 (順序) 列出的貨品可以說明這一點。[10] 在一段企圖抑制奢華的短時期中，用金器作餐具其實曾被立法禁止。但用銀器吃飯是很平常的事；有錢的女士甚至只在銀浴盆中洗澡。昂貴的珍珠不但可作珠寶佩戴，更會在飲宴時放在客人前面，讓它溶在酒中或飲品中，為的是得到吞下如此貴重的東西的震撼快感。氣味芬芳的香木會特別用來造成桌面；由於香木很少長得夠造一張桌面那樣大，因此用這種香木造的桌子價錢極高。尼祿(Nero)的首相薛尼迦(Seneca)，有三百張用這種香木造成，配以大理石腳子的桌子。大量的象牙用了來作豪華的裝飾，諷刺作家祖凡奴(Juvenal)投訴説：「現在的有錢人除非在寬闊的餐桌上有一隻揚蹄而立、張牙舞爪的象牙豹子，否則吃飯沒有甚麼樂趣——海鮮和鹿肉吃來無味，香膏和玫瑰像是發臭。」直到帝國時期，羅馬才用大理石建築。奧古士督那時廣用大理石建築，他自誇以大理石取代所有在羅馬的磚頭。鍍銀的車常是用馬拉的四輪「私家車」，富有的羅馬人駕著它在城中四處走。

「細麵」是為富人進口的，而麥子當然是主要食糧，不是奢侈品。可是，羅馬從埃及大量進口麥子自有他們的想法——藉此將帝國的資源盡歸己有。羅馬政府每月花費一筆金錢分派穀物，才能支援它迅速增長的人口，這是令羅馬的百姓保持愉快[11]的著名「麵包與馬戲」[12]手段的一半。但這當然不是叫富人養窮人，而是以帝國中其他地方的窮人養活羅馬的窮人。

清單最後所列的是奴僕，也許因為即使中等富裕的人家，奴僕也是必需的，所以不是奢侈品(雖然樣子特別漂亮或者有特殊技能的奴僕售價會很高)。但約翰顯然要以一個高峯作結：羅馬經濟剝削帝國人民的不人道本質，從不斷將奴隸由帝國各地運到羅馬中，清楚明確地反映了出來。在約翰的時代，奴隸佔了羅馬人口幾乎一半。

13節的希臘原文，按字面的意思是「人的身體和〔**或**即是〕靈魂〔**或**生命〕」。約翰將「身體」這個普遍用來稱呼奴隸的詞語，和以西結書二十七章13節所用的「靈魂」(human souls)組合起來(編按：啟十七13及結二十七13，和合本皆將human souls一詞譯作人口)。也許我們應該跟隨大部分的英文翻譯，將這一部分理解為：「奴僕，就是人的靈魂」。在這情況下，約翰所指出的便是：奴隸不是動物的軀體——奴隸市場中一般稱奴隸為「身體」——可被人當作財物買賣。他們是人。不過，他也可能是指「奴隸**和**人的性命」，最後兩個字的意思是指比一般奴隸買賣更邪惡的事情。因為除了買來在大戶人家作粗重工夫和辦事的奴隸之外，還有其他被賣的人口，這些人口包括戰俘和罪犯。他們的命運是要為自己的生存而戰，並為娛樂羅馬羣眾而死在競技場內；這些競技場是歷代凱撒為此而建的。這些無辜者包括在羅馬人所「貪愛」成習慣的「果子」(14節)之內。

有些解經家認為這個清單是「文明世界的美麗和方便」[13]的縮影，約翰在指責他們拜偶像式地濫用的同時，必然也欣賞這些東西。羅馬上層社會無疑視他們奢華的生活方式為人類文化的卓越成就，但他們這樣做是他們墮落的記號。約翰一點也不客氣，我們也無需客氣。羅馬進口貨物的清單代表了一種自我放縱，甚至羅馬的衛道者和諷刺家也責備說，這些享受只有藉著冷血地不理無數人的死活和尊嚴才可以得到。競技場象徵了對人類生命那施虐狂般的輕蔑，與羅馬的輝煌毫不合襯，卻安躺於這輝煌的根基上。

為她哀哭的人

剛才提到的解經家之所以出錯，因為他們不自覺地從一個不合宜的釋經立場看這段經文。他們錯解百姓的觀點，認為他們直覺地會羨慕羅馬的奢華，並只會對她可見的衰落感到惋惜。但被放逐於拔摩島上，寫成啟示錄的約翰，藉著那些因羅馬的壯大而受苦的人，更能看見羅馬壯大的真像。波碩(Allan Boesak)從現代人的觀點看啟示錄，他以現代社會中那些被拒於少數統治階層的富裕之外的人的觀點來看，令這一點的釋經立場很清楚。他說我們剛才所批評的解釋，是「那些不知道列在清單之末是甚麼意思的人，他們的典型觀點」。[14] 意即奴隸位列約翰所列羅馬進口的貨品清單之末，奴隸的地位是最低微的。

約翰可能有意設一個釋經的陷阱，讓剛才所說的解經家跌進去。例如他們說「約翰看到這麼多財富的損失，他感到無限的痛苦」[15] 時，他們之所以這樣理解，是因為他們誤將10節，16至17和18至19節看為巴比倫傾倒而作的哀歌，看為約翰表達其惋惜之辭。但他們忽略了約翰將這些哀歌歸於三個特定階層的人物：地上的君王(9節)、地上的客商(11節)，以及船主和坐船往各處去的及眾水手(17節)。這些正是從羅馬經濟剝削帝國人民得益的人。他們所哀傷的，是他們財富的來源被摧毀了。

被約翰一直譴責「與大淫婦行淫」(十七2，十八3、9)的「地上的君王」，這不但是指將自己的王國置於羅馬帝國蔭下、與她有貿易往來的君王，更普遍地指那些地方統治階層，他們四處推許羅馬帝國，好使自己能參與她的統治。對他們來說，羅馬政權的作用，是幫助他們維持他們在本身社會的控制地位。因此，很自然地，他們所哀歎的是羅馬**權力**的消滅(十八10)。不過當然，他們從羅馬得來的權力，有經濟的好處。[16]

至於「藉著她發了財」的客商(15節)，他們是「地上的尊貴人」(23節)。一位現代研究羅馬帝國的偉大歷史學家，本身對羅馬的經濟發展頗為羨慕，他以下的話也許是最佳的評論：

> 在帝國時期，資本主義的方法比其他的經濟活動方式，在貿易方面更能取得成功。商人和大地主是當時最有錢的人。他們成立重要的貿易公司和協會。喜歡航海的商人稱為*naucleri*或*navicularii*，他們將這一類的公司聯合起來，成為帝國中最有勢力的經濟聯盟之一。[17]

最後一句話的意思是說，由於陸上運輸很昂貴和會延誤，只有航海貿易才真正有利可圖。這解釋了為甚麼第三批為巴比倫哀傷的既得利益者，是航海運輸工業的人：「凡有船在海中的，都因她的珍寶成了富足」(19節)。所有進口羅馬的貨物都是從海路而來的。[18]

所以9至19節讓我們從一個非常明顯的觀點看羅馬的衰落，而這肯定不是約翰的觀點。這觀點是那些因為與羅馬並她的經濟制度有關聯，變得有財有勢的人的觀點。對這些人來說，羅馬的衰落自然也是他們的衰落，難怪他們要哀傷了。約翰的觀點不是這些**地上**或**海上**的人的觀點（9、11、17節），而是**天上**的觀點（十八20；[19] 十九1）。從這個觀點看，巴比倫的傾倒是歡樂和讚美神的因由。

約翰為甚麼給我們看這些與羅馬狼狽為奸者（統治階層、商業巨頭、船運工業者）的觀點？上文我講過他設了一個解經的陷阱。任何發覺自己有這個觀點——對羅馬將要衰落感到錯愕的人，應該因此發現自己的立場，並為這立場的危險感到震驚。對這些讀者，最重要的事情是在描述哀傷者的景象之前，有以下的吩咐：

> 我的民哪，你們要從那城出來，
> 免得與她一同有罪，
> 受她所受的災殃。（4節）

這個吩咐的用詞取材自耶利米書五十一章45節（另參耶五十8，五十一6、9；賽四十八20），它所指的不是耶利米書字面的地理意思。約翰書信的第一手讀者沒有人在羅馬住過。這個吩咐是要讀者**遠離**羅馬的罪惡，免得他們與羅馬的罪有份，要同受審判。這個吩咐不是給那些為羅馬哀哭的人的。

從啟示錄二至三章給當時教會的七篇信息中，我們知道啟示錄的首批讀者決不全是窮人，或者全像士每拿的基督徒一樣受到逼迫。他們很多都是富裕的、自鳴得意的和**妥協的**。約翰特意給他們一個迫切的啟示，講述他們情況的危險並神對他們的要求。亞西亞的七個城市，大部分都是繁榮興盛的社區，是海港或者商業、行政、宗教的中心，在羅馬的統治和羅馬的商業中有很重要的利害關係。[20]但為了參與這些城市的商業和社交生活，從而有份於這些較富有的公民的富足，基督徒同時也要參與偶像崇拜的宗教，包括羅馬的國家宗教。明顯活躍於啟示錄七教會其中幾間教會的「尼哥拉一黨人」(二6、15)，並推雅推喇的「女先知耶洗別」，顯然在鼓吹這種妥協是容許的(二14、20)。[21]

我們應該留意，正如推雅推喇的基督徒肯定留意到的，約翰在對推雅推喇教會的信息中所講的耶洗別，跟他在十七至十八章所講的大淫婦巴比倫有相似之處。當然，耶洗別只是約翰提到這個女先知的象徵名字，正如巴比倫是羅馬象徵名字一樣。他的目的是將她比作那個舊約中的王后，那個在以利亞的時代引誘以色列人拜偶像的王后。一提到舊約的耶洗別的「淫行邪術」(王下九22)，並她殺戮神的先知(王上十八13)，我們可以看見大淫婦巴比倫有仿效耶洗別的部分(參十八7、23、24)。所以，推雅推喇的女先知鼓勵跟隨她的人參與城中繁榮興旺的商業生活而不用害怕良心責備，她很明顯是大淫婦巴比倫在推雅推喇教會中的地方代表。藉著她，羅馬商業與拜偶像宗教引誘人的力量，得以滲透教會。因此其中一些「與她行淫」(二22)的跟隨者，在帶著使他們辨明真相的震撼中，驚覺自己在「地上的客商〔他們〕因她〔巴比倫〕奢華太過就發了財」的行列中(十八3)。所以約翰對羅馬所作的預言，也成為他其中一些基督徒讀者的挑戰，這挑戰是痛苦而要求甚高的，他們要「從那淫婦城出來」。

喝醉了血的城

啟示錄十七章1至6節對大淫婦的描述，結束時用了一個新的，但更邪惡的形象描述喝醉的淫婦：她使地上的人喝醉她的花言巧語，她自己卻「喝醉了聖徒的血和為耶穌作見證之人的血」(十七6)。約翰在十八章24節再次提出控訴，不過用的是法律的形象。十八章宣告了神對巴比倫的審判，因她使列國傾倒(十八3)、驕傲奢華(十八7)；而這一章的中心，正如我們討論過的，是她的經濟剝削。但最高峯、最明顯的罪證在24節出現：「先知和聖徒，並地上一切被殺之人的血，都在這城裏看見了」。

先知和聖徒指的是基督徒殉道者；很多解經家知道，「地上一切被殺之人」也是指基督徒殉道者。但這不是它最自然的解釋，也令這一節的高峯減弱了。羅馬不但被控殘殺基督徒，也被控用殺人的措施殺害所有無辜的受害者。[22] 約翰沒有忘記，騎在獸上的巴比倫有熊的腳和獅子的牙(十三2)。他知道「羅馬帝國統治下的和平」，用達斯提斯(Tacitus)的話來說，應該是「用流血取得的和平」，[23] 是用暴力的佔領建立、用不斷在前線打仗維持，並要壓制異見才獲得的和平。[24] 他知道羅馬的富裕、羅馬的自以為神的偶像崇拜，並羅馬殘暴的軍事和政治之間的關聯。羅馬帝國像所有將自己的權力和繁榮絕對化的社會一樣，一定要有犧牲者才可以存在。

24節值得注意的地方，是它表達了基督徒殉道者，與所有羅馬無辜受害者感通一體的意思。假如約翰要求他的教會脱離羅馬政治和經濟的權力架構，這不是叫他們成為只是對內的教派組織，只關心自己的命運。是因為他們對世界的先知式見證中，神羔羊本身就是羅馬的受害者，所以祂的跟隨者不能助紂為虐，卻應該挺身而出指證殺人兇手。他們不能避免地將會成為受害者。別迦摩教會惟一提到的人物安提帕（二13），在啟示錄中代表了所有在羅馬極權之下類似的受害人。

更值得注意的，是啟示錄的信心：「〔將來〕不在殘暴的歷史上的勝利者手上，卻在他們的受害者手上」。[25]這大概只有藉著基督徒相信被殺的羔羊必能得勝的信心，才相信以上的應許可實現（五5～6）。

給我們的結論

那些想像早期基督徒是隱遁者、不參與政治運動的人應該研讀啟示錄。那些以為早期教會只批評羅馬統治中的帝國膜拜的人，也應該看啟示錄。在啟示錄暴露羅馬的罪惡之中，對皇帝的敬拜和對教會因之而起的逼迫，不是脱離常軌的獨立事情，而是按著羅馬帝國的主要本質發生：羅馬一心追求自己的權力和經濟好處。當跟隨耶穌的人拒絕羅馬國家宗教的要求，即拒絕以宗教的行動向皇帝表示效忠，他們不單是拒絕將只屬於真正神聖君王的無條件效忠給予該撒，也見證了一個跟該撒有分別的統治——一個不是建立於剝削的能力，而是建立於犧牲的服事的國度。

鑒於啟示錄十八章顯著的經濟主題，我們很難避免會看見一個現代與之平行的事情，就是所謂第一世界和第三世界之間的經濟關係。從我們的文化距離，我們很容易認出一個文化的腐敗墮落——以珍珠溶於酒中讓宴會賓客飲用，每人喝幾口就耗掉過千磅珍珠。可是現今富裕的西方社會也有同樣荒謬的奢侈消費模式。當然，羅馬掠奪帝國人民財富，並向他們徵税以滿足自己奢華口味的**方式**，在後殖民主義的世界找不到類似的情況。這叫我們不能將對前者的批評，簡單地轉移到後者。現代第一世界用了另一種形式對第三世界進行剝削；我們要先對它們作認真的經濟分析，才能譴責和抗衡它們。但現代西方社會所崇拜、以之為偶像的物質繁榮，[26]它自己不斷增加本身的渴求，在人類生活中頻繁往來，使我們可以產生很多聯想。為巴比倫哀哭的，可能主要是跨國公司、廣告工業和售賣軍事武器的人。但我們也應該小心約翰為察驗我們所設的釋經陷阱。

第七章

出埃及記與服事：聖經裏的自由

一直到這一章之前，我們都是將一段特定的經文，放在整本聖經的處境中作詳細的釋經。這種巨細無遺地注意特定經文的各項細節，是正確了解聖經任何題目的教導所必需的。但同樣重要的，是以整本聖經追溯某個特定主題的廣泛輪廓。聖經是一本結集而成的書，當中有很多非常不同種類的寫作，由很多作者和編者在一段很長的時間內寫成或編成。因此，我們不能期望它能給我們一個現成的摘要，闡明它各組成部分的教導(雖然聖經有一些句子近似摘要，例如馬太福音二十二章37至40節)。在大多數聖經篇章裏，識別一個題目的普遍要旨和主要成分，是創意詮釋中一件很困難的任務。這不止是從整本聖經收集合適的資料那麼簡單。經文不會直接告訴釋經者，其綜合分析所屬的合宜分類；釋經者也許需要搜尋最合宜的類別，或者自創新的類別。在不貶低聖經任何部分的見證的情況下，我們需要判斷甚麼是主要的，甚麼是次要的；甚麼是相對的，甚麼是絕對的；甚麼是臨時的，甚麼是永恆的。在某些情況，我們不單要報告特定聖經書卷所觸及的實際狀況，辨識聖經思想的動向也很重要。因為聖經承載的記錄有一種動力，包容了思想不斷發展的傳統。詮釋的目的，應該是讓讀者參與經文本身的思想過程，好讓他們的思想能在它所定的方向中繼續下去。在這一章，我們會嘗試以察看聖經中自由的主題，作為綜合聖經專題教導的例子。

前言

布魯治(Ernst Bloch)注意到：「一個字愈重大，愈容易隱藏不屬於它的元素；尤其是自由這個字。」[1] 由於自由是那麼「重大」的一個字，它感染著人類一個如此強烈的基本願望，因而在政治上非常有能力，亦很容易被人濫用。捍衛和促進某種形式的自由，常常被用作政治藉口，以壓制其他形式的自由。每當這個字看來為追求自由的人打開人類自我滿足的無限範圍時，它真正的意義便會被那些用它來得到或保持政治權力的人貶到最低。由於很多時人們選擇性地使用聖經藉以合理化約束自由的舉動——聲稱聖經贊同的，只**是這一種**自由而**不是那一種**自由——因此我們必須嘗試開放自己，對聖經中自由的真正向度存敞開的心懷。而由於自由的概念很有歧義性，我們很容易用聖經的修辭來掩飾自己的觀念。我們需要努力辨明聖經所說的自由的核心要旨。

我們不是要在聖經裏找出某種為現代自由社會而設的藍圖。正如自聖經時代以來，人類社會的形式按需要地不斷改變和發展(尤其在複雜性方面)，政治自由也一直不斷在發展。需要政治地體現和維護的特定自由，無論在基本的人性中有多深的根源，都有反映歷史的特性。我們不能期望在聖經中直接找到它們。舉例說，聖經沒有直接告訴我們任何有關新聞自由，甚至宗教敬拜自由的事情。我們要尋找的，是聖經所指引的方向，以及神對人類自由的旨意的基本本質。要找到我們當今世界所需要的自由向度，我們需要跟隨這個方向。

聖經裏有很多關於自由的資料，但若我們只是主要尋找「自由」這個字，卻不會找到。舊約聖經幾乎從沒有用過這個字，新約也不普遍。相關的字雖很普遍，但仍不足以標明自由這個主題的範圍。[2] 對自由的認可作為聖經一個很主要的信息，其意義比單獨使用這個字所指出的意思更豐富。舉例說，在新舊約中都常常反複提及的出埃及事件，它作為後世事情和經驗的模範和比喻，常常帶著從被壓制中得自由的含義。[3] 舊約從這件事情中，不斷說神是「耶和華你的神，曾將你從……為奴之家領出來」(出二十2等)。「這是舊約對神的定義：使人得自由之神」。[4] 這點有一重要的參考，就是路加福音也有類似的意思。在耶穌事工的開始時，祂的使命被提綱挈領地形容為一個使人得自由的使命：「……差遣我報告被擄的得釋放，……叫那受壓制的得自由」(路四18)。我們可以預期自由的主題，包含了聖經所關注的大部分事情。

神釋放的奴僕

舊約聖經沒有為自由下抽象的定義，卻以頗為具體的事情來理解自由。作奴僕顯然是指服從於他人的意思之下，而自由因此就等於從限制和壓制中取得自由的權利。但比如在以色列人在埃及為奴的範例中，令百姓痛苦並引致神的關注和救贖行動的(出二23～25，三7～10，六5～7)，不是抽象的奴僕身分，而是具體的壓制罪行——令人吃不消的苦工，以及殺害他們初生的嬰兒(出一11～16)。這不是說舊約的百姓不重視自由，而是大多數人都在具體的好處中感到自由的可貴：提供個人的基本需要，並能享受生活中的一般樂趣，不受他人壓制剝削的自由。

故此，從以埃及為主到以神為主，不是從作一個人的奴僕轉為給另一個人作奴僕，因為神忠誠於祂百姓的利益，祂作主人是讓他們從一切人為的轄制中得釋放。以色列成了一個得釋放的奴僕的國家，只有一位神聖的主人。因此，所有以色列人獲得一種不尋常的(在古代近東處境來説)平等自由的權利。利未記二十五章42節所表達的原則，與奴隸制度的存在對以色列的從屬關係有著不利影響有關：「因為他們是**我的**僕人，是我從埃及地領出來的，不可賣為奴僕」。一個類似的考慮在撒母耳記上八章也有這作用：百姓愚昧地不滿足於神作他們的王，卻要「像列國一樣」有人作王管理他們。撒母耳説他們將會服在像當時君主專制一樣的暴政之下；他所羅列的君主專制的罪惡總結於一句話：「你們也必作他的僕人」(撒上八17)。對一個神從奴役中拯救出來的民族，一種臣服的政治關係並不合宜(另參士八22～23)。

在整個古代世界裏(也不單在古代世界)，一些人得自由等於另一些人要受支配。得自由的意思是作主人，因此便要有奴僕。所以統治者奪了子民的自由而得自由，主人奪了僕人的自由而得自由，有財有勢者奪了窮苦無助者的自由而得自由，男人奪了女人的自由而得自由。在以色列，這種自由與服從之間的關係**在原則層面上**被打破，主要因為神使以色列得自由，所以所有以色列人只作神的奴僕。因此在以色列，自由是使人平等，不是使人不平等。這個自由的**原則**未有完全一貫地徹底執行——在人際關係上舉例，就如男女的身分上，或者奴隸制度的設立方面(我們以下會再說)——應該無損這個原則所作突破的重大意義。

經濟獨立

大部分的舊約律法，以及很多先知的譴責，都關注到從社會或經濟不公平而引致剝削(失去自由)的危險。這不但要求施行法律時不偏不倚(這法律要將每個以色列人免受生命和生活危害的權利，奉於崇高的位置)。它同時也指到律法和先知積極關注維持以色列人家庭的經濟獨立，是與他們不可分割的權利一致的——有份從神給所有以色列人的土地中得益的權利。失去經濟獨立令百姓受其他人剝削，並常會導致他們成為奴隸。所以先知譴責那些積聚財富的人：「禍哉！那些以房接房，以地連地，以致不留餘地的，你們被遺下來獨居於此地」(賽五8；編按：作者引用NEB譯本，照此譯本直譯)。所以他們也常常關注保護那些沒有經濟獨立能力的人：寄居的外邦人、孤兒和寡婦。在以色列人中沒有一個人應該被剝削，甚至寄居的外邦人也不應該被剝削，因為神從埃及拯救以色列人，正因為他們在那裏是無地的寄居者(出二十三9；利十九33～34；申二十四18)。

因此，以色列中的自由典範取了具體的形式：經濟獨立和不用害怕被人侵害。我們應該注意當中的含義，就是它不單有所有法律制度所包含的阻力——阻止對別人作出個人和財物方面的侵害，也包含了經濟方面的限制，因為只有經濟資源相對上的均平才能阻遏富有階層對窮人的壓榨。事實上，社會和經濟的公平，在君主時期受到很大的損害。但這是很多先知的重擔和抱怨，他們一再重複提及的末世的盼望，表明了眾人都能經濟獨立和不用害怕被人侵害的理想：「人人都要坐在自己的葡萄樹下和無花果樹下，無人驚嚇。」(彌四4) 。[5]

我們需要作最後一個觀察以改正一個印象，這印象就是以為以色列所理解的自由，只是個人 (或家庭) 免受**來自**別人的欺壓。這種對自由的個體式理解，很容易投射回現代。假如我們認為自由是指主權和支配之間的關係，那麼對所有人來說，自由就是每個人都是自己的主人，人人都感到別人只是自己自由的限制，跟自己競爭。這是現代的自由利己主義。這不是古代以色列人所經歷的自由，其中一個原因是以色列人不是自己的主人，而是神的奴僕。他們對神聖的主權的確認，令他們要對自己的同胞負責任。所以，正如舊約律法全都是保障自由的實際行動，它的基本特色包含了很多反對社會濫用自由的限制；責令以色列人積極對別人施予關懷幫助，也是舊約律法的特性之一。我們的鄰舍不是對我們自由的限制，而是我們要愛他們如同自己的對象 (利十九18) 。新約對自由的理解不是要**從**別人得甚麼，而是可以**為**別人做甚麼，這在舊約的社會責任之中已經暗示了。

舊約的奴隸制度

在舊約時代的以色列，奴隸制度當然已經存在，而舊約律法包含了大量以制約奴隸制度為目的的律法。[6]

像古代近東的一般習慣一樣，奴隸一是從戰爭俘擄來的外邦人，一是不幸欠債要自賣為奴的本國人。奴隸的意思，是主人對奴隸有很多權利，而奴隸雖然不是完全一點權利也沒有，但只有十分有限的權利。

不過，我們首先要注意一件重要的事情，就是舊約完全承認讓以色列人作奴隸，與神從埃及拯救祂所有的子民出來，給他們基本的自由和公平；兩者之間存在著不協調。法律雖然接受奴隸制度的事實，但卻視之為不正常的情況，應該儘可能減少。因此，它給奴隸一個六年後不用贖身便得釋放的機會（出二十一2），並規定要幫助他們度過一段沒有工作的日子（申十五13～14）。只有當奴隸自己願意，選擇在六年之後不離開，他才會一直留下來服事主人（出二十一5～6；申十五16～17）。這些律法試圖在產生奴隸制度的經濟現實中，給以色列人的自由的基本權利賦予一些延伸的要義。這是因為「你在埃及地作過奴僕，耶和華你的神將你救贖」（申十五15），所以主人要在奴隸服事他六年之後，讓這奴隸得自由。

利未記二十五章39至43節的律法更進一步。它容讓以色列人擁有外邦奴僕之餘（二十五44～46），禁止他們令自己的同胞作奴僕；後者可能只是因為貧窮而被迫進到一種半奴隸的身分。這大概是企圖令現存的奴隸制度喪失法律地位的行動，不過有些學者卻指所有其他有關奴隸的律法，都只是指到非以色列人的奴隸。[7] 無論怎樣也好，不使以色列同胞作奴隸的神學原因很值得注意：「因為他們是我的僕人，是我從埃及地領出來的，不可賣為奴僕」（利二十五42）。

除了承認所有以色列人的自由的基本權利，一些律法還有大量減輕奴隸制度的限制、使它更人道的作用。這些方式是其他古代社會所沒有的。保障奴隸不受主人欺負的律法（出二十一20～21、26～27），在當時的社會中是很獨特的，代表了一個進步。那時奴隸只被視為一件動產——作為一件財物，他們沒有保障自己不受主人侵害的權利，但作為一個人，他們有。關於釋放了和逃走了的奴隸的律法（出二十一2～6；申十五12～18，二十三15～16），假如能有效地執行的話，必定能確保奴隸不會受到很大的壓制，因為在這律法之下嚴厲的主人不會留得住僕人。由於古代社會認為將逃走的奴隸歸還他的主人是理所當然的事情（參撒上三十15），但律法反而吩咐以色列人收容逃走的奴隸（申二十三15～16），這也是另一件值得留意的事情。雖然這裏沒有說明動機，但以色列人一定會記得，以色列人最初也是以逃走的奴隸立國的。因此這個民族應該與逃走的奴隸情同一體，而不應該與奴隸的主人情同一體。[8] 所以，舊約律法雖然沒有實際消除古代社會非常普遍的奴隸制度，但因著以色列人本身從埃及得釋放的經歷，它儘量令奴隸制度人道化，甚至可以說，令它減弱。即使在戰爭中搶回來作妾的女人也是人，有一些要被尊重的權利（申二十一10～14）。

假如律法和先知（參耶三十四章）對奴隸的態度，是基於他們從埃及得釋放的救恩歷史背景，智慧文學從創造神學的背景也得到同樣的結論——創造主人和奴隸的，是同一位神（伯三十一13～15）。這很有代表性。到最後，兩個論點都會要求廢除奴隸制度。我們應該跟隨這些舊約原則所指的最終**方向**，在這方面超越舊約，甚至超越新約的習慣。這是十分合宜的。事實上，這些論點帶我們到所指向的方向之上，那是遠超過狹義的廢除奴隸制度的。所有容許一個人剝削另一個人的從屬關係，都跟神在舊約所顯示的基本旨意相違。這種關係沒有以人被創造時的身分為基礎——所有人都是平等地屬於神。神的歷史性意向乃是要廢除所有人類間的從屬關係。祂使以色列人從為奴中得釋放，這不能到最後成為由以色列人獨享的優待，卻應該成為祂旨意的典範——所有人類應該得到類似的釋放，讓神作我們的主。

新約中的自由

在新約，自由的觀念經歷了重大的發展。為了作簡要的描述，我們會將焦點集中於四方面；這四方面都與我們特別關注的自由的政治形式有關。

首先，新約**深化和延伸**自由與受支配的整個問題，將它帶到政治和律法所能觸及的範圍以外。所以，耶穌的事工沒有釋放奴隸，卻釋放了在罪疚中為奴、被鬼魔捆綁、受疾病和傷殘轄制、作繭自困和肉身會死的人。所以，出埃及的釋放，變成了新約基督釋放被罪和死亡奴役的人的預表（例如啟一5～6）。但這正是對舊約自由觀念的深化和延伸，而不是取代。從所有壓制中得釋放，即使所牽涉的遠超過政治範圍，卻總不能不包括政治的層面。

第二，在基督裏的自由的含義，肯定會影響到教會的社交生活——新的出埃及，釋放神新的子民。在新約，基督徒的自由當然不只是內在和個體的，它關注到教會內的基督徒，他們的外向發展和社會關係。原則上，基督徒之間可以沒有從屬的關係：「並不分……自主的、為奴的」（加三28）。新約裏一些給主人和奴僕的建議，可以理解為只是改善情況的建議，它並沒有改變基本的關係。但腓利門書16節將基督徒的基本原則執行得更徹底。保羅要腓利門收回他逃走的僕人阿尼西母，看他「**不再是奴僕**，乃是高過奴僕，是親愛的兄弟」。奴隸的法律形式仍然保留，但主僕之間不再是主僕的關係，而是兄弟的關係。

也許更值得注意的是以弗所書五章21節至六章9節，這裏處理了三種從屬的關係——妻子和丈夫、子女和父母、僕人和主人。經文給頭兩種關係的不對等建議，必須以所有三種關係都在屬這五章21節這籲節之下的事實來平衡，那是完全對等的：「又當存敬畏基督的心，彼此順服」。在互相服事之中找到的自由的原則，強調了在家庭關係中，社會所決定的權力元素。但為免讀者在看到第三種關係（僕人和主人）時，忘記了鑰節的重點，所以在那裏用了一個使人嚇一跳的形式重申。當保羅對主人說「待僕人也是一理」時（弗六9），所指的只能是像奴僕一樣服事對方（弗六7）。換句話說，假如僕人被吩咐要成為主人的好僕人，「好像服事主」（弗六7）；主人也同時被吩咐要**成為僕人**的僕人，「好像服事主」。主人們運用權力的方式，大概是使用權力時如服事僕人，就如僕人的工作是服事他們。若認真地遵從這個建議，便會等於說自由與受支配這延續不斷的外在秩序，會被自由與互相服事的新的基督徒原則變為內在的轉變（請看下面第四點）。我們也應該注意，主僕的關係得以超越舊框框，不是將人人都變成主人，而是將人人都變成僕人，這將我們帶到下一點。

第三，新約頗為強調自由是一種自願的服事。雖然新約不斷用好像很弔詭的話，將自由等同於服從於神的主權之下（例如彼前二16），但它對自由的理解的重心，是藉著神的兒子耶穌基督，基督徒成為天上的父親自由的**兒女**（約八32；加四7；羅八14～17）。這一點是說，正如耶穌一樣，兒子虔誠地順服父神的旨意，履行自己的責任，並不是奴僕不情願的屈從，而是甘心樂意作服事父親的兒子。也正如耶穌的榜樣一樣，對神自願的服事，亦同時有自願服事他人的意思。耶穌和初期教會的信徒，沒有用每個人都是自己的主人的模式，來取代主僕的社會模式。相反，他們用人人都是別人的僕人的模式取而代之。當然，他們對這種「作奴僕」的模式的理解，完全是出於自願的（路二十二26～27；約十三14；加五13）。換言之，自由是愛的自由：「弟兄姊妹們，你們蒙召是要得自由，只是你們不可為了私慾〔就如自私〕的好處而使用這自由，要透過愛心互相如奴僕般彼此服事」（加五13；編按：譯文與和合本稍有不同）。[9] 假如舊約強調神的子民是**得自由**的奴僕，新約便強調神的子民是**自由**的奴僕。

教會的權柄也不能例外於這個原則之上。教會的權柄只以服事的形式存在（「自己因耶穌的原故作你們的僕人」，林後四5〔編按：原為RSV譯本，按此直譯〕；另參可十43～44；太二十三10～11），因此也是所有人互相順服和服事的模式的一部分。[10] 所以，這種喜樂和愛心服事形式的自由，不是創造了一班獨立而爭競的人，而是創造了一個真正互相依靠的**羣體**。釋放的關係取代了剝削的關係。

第四，這大概解釋了初期教會，對他們當時社會的政治和社會從屬的現存架構的態度。他們沒有企圖以自由的名義消除它們，但他們試圖從內在改變它們，將它們變成**自願**和（儘可能）**互相**服從的關係。這在以弗所書五章21節至六章9節最清楚可見；那裏談到婚姻、父母子女和主僕的關係，我們前面已經提過了。另外在彼得前書二章13至17節也可以清楚看到，那裏講的是政治架構的事情。在彼得前書，政府雖然全然在教會的影響範圍之外，不能吩咐它跟教會**互相**服從，但基督徒承認國家的權柄，明顯地與作神的奴僕有關（16節）。

這種基督徒從內在改變權力架構的策略，本身可能比任何設立新的平等主義架構的企圖，更實際可行和更有效。到最後，平等主義的架構仍然是需要的，但它本身不能產生完全的自由。它也許可以作為競爭性的自由的工具，仍然讓人作自我服事的奴隸，卻不能成為產生羣體的真正自由的工具。

自由的觀念

在教會歷史中，神常常被錯誤介紹為壓制自由，而不是鼓吹自由的神。祂被視為天上的暴君，是世上壓制人的政權的榜樣，又認可這些政權：國家裏君王的神聖權利；教會內神職人員的統治；家庭中家長的控制。這明顯不是聖經裏的神。祂作我們的主，釋放我們不作任何人的僕人。祂的僕人不應作任何人類主人的僕人(利二十五42)。稱神為父、稱基督為主的人，不能再稱任何人為主(太二十三9～10)。這是因為我們神聖的主人所以能夠作主，不是因為祂控制了我們，而是因為祂作了奴僕的服事(腓二6～11)。

但聖經裏的神所鼓吹的是哪一種自由呢？自由利己主義者在西方民主社會仍然非常有影響力，根據米勒(John Stuart Mill)的話，「真正配稱為自由的自由，是用自己的方法求自己的好處；只要我們不企圖剝奪和妨礙他人追求自由的努力便成了」。[11] 也許聖經對自由的理解，可以用與米勒的公式平行的話給自由下定義：「真正配稱為自由的自由，是可以自由地為別人求好處；不是要剝奪他們的自由，而是要促進他們的自由」。

米勒給自由下的定義，為自由和平等之間製造了一種張力。國家為大眾的好處而做的積極行動，似乎與個人追求自己的好處的自由有衝突。英國的政客和很多英國人都察覺到，個人自由與社會公義的張力，瀰漫於當代的英國政治之中。舉例說，一種政府試圖擴展到最大的自由，是顧客有權選擇的自由，這種自由太容易使富裕者得益處，但卻要除了貧窮便沒有其他選擇的窮人為此付上代價。

據我們對自由所下的定義，個人最自由的狀態，是為別人而付出自己，而不是為自己而得滿足。這避免了個人自由與社會公義之間的張力，但一應用到政治的層面，便產生另一種張力——自由與壓制之間的張力。雖然不是所有政府都運用強制人民的權力的，但這是它的特性。甚至在民主社會，也會強制人民對大眾的好處作出貢獻。當然，良好公民及我們認為是真正自由的人，會甘心樂意遵守這些法律。舉例說，他們會歡迎規定交稅以支持國家福利的法律。但不是出於自願的交稅者，不是像盧梭(Jean-Jacques Rousseau)所主張的那樣成為「被迫得自由」，而是他們在這方面就是不自由的。假如盧梭是對的話，那麼，極權國家的政治架構便最接近我們給自由下的定義。但他是錯的，因為以為自由可以由強制而得的想法是矛盾的。有鑒於此，在政治的層面，民主制度只能給自由提供足夠的架構內容。民主制度儘可能減少自由與壓制之間的張力，但張力仍然存在。在民主制度中的政治教育能進一步減少這種張力，但不能消除它。

這點成為證據，正如我們將新約關聯於政治時常常會明顯地看到的，它證明即使政治是那麼重要，它也不是無所不包、不假外求的。創造一個真正而健康的政治社區的自由，只能在有限的程度之下由政治的途徑創造出來。這要從耶穌使人得自由的使命所指向的，更深的作奴隸與得自由的層面中得到。

自由的層面

聖經裏的自由，是一個廣泛而複雜的概念。舉例說，它從以色列人出埃及、免受埃及壓制的自由，延伸到耶穌為了對人類的愛並忠於父神的旨意，接受苦難和死亡的自由。這包括了免受剝削自由 (freedom **from** exploitation)、選擇的自由 (freedom **of** choice)、服事他人的自由 (freedom **for** service) 和盼望的自由 (freedom **to** hope) 等等。自由像人的生活一樣複雜，沒有一個模式可以完全將它包藏在內。但有一個模式可以幫助我們對付將自由縮減為某幾種自由的趨向，這個模式是一個相對於多層面的人類生活和經驗的模式，它就是**多層面的**自由模式。[12]

人類生活有很多不同的層面，例如心理、生理 (與身體有關)、緊接社交 (人與人的關係)、經濟、文化、政治、科技、環境 (人類社會與大自然的關係) 等。這一類關於各種層面的清單是很有彈性的，它可以加入其他事情，也用不同的方法區分，因為這些不是人類經驗中固有的絕對區分，而是講到一個複雜的整體時，一個方便的分類方法而已。每個層面雖然可以區分，但**互有關聯**。在一個層面中的行動和經驗，對另一些層面會有影響。例如，失業明顯屬於經濟的層面，卻有激烈的心理和社會方面的影響，能使人身體生病，及發起政治行動。我們應該儘量不要看一個層面為其他層面的獨一決定因素，例如說經濟情況**決定** (與只是影響有別) 其他所有的層面。沒有一個層面能單方面決定其他所有的層面。相反，每個層面都以一種非常不同而複雜的方式互相關聯著。

政治的層面 (指由政府為自己所定的人類生活秩序)，不像極權國家所講的那樣，它不是一個包含其他所有層面的層面，而是一個能**影響**其他所有層面，也能被其他所有層面影響的層面。從某種意義來說，宗教的層面 (例如特別宗教活動的層面)，可以被看為與其他很多層面沒有分別的層面，但從與神的關係的層面來說，卻可以被理解為惟一**真正**包羅萬有的層面。神是創造者，是人類生活所有層面的主和救主。要認識神，就是要在生命中的所有層面與祂取得關聯。

多層面的思想能讓我們對自由和得釋放有更具彈性的想法。這不是在生活中許多方面出現奴役和壓制(經濟上的剝削、心理上的壓制等)那麼簡單，而是大部分的壓制形式會影響幾個層面，但它同時也會在多個層面上受釋放的行動所攻擊。所以，舉例說，身體殘疾看來似乎是身體層面的問題，應該從這個層面解決。假如我們不能將殘疾除去，我們便可能會認為從殘疾中得釋放是不可能的事。但事實上，身體殘疾本身也許是殘疾人士最小的問題，因為那些視殘疾為異類的態度，以及將殘疾人摒於很多正常社交以外的社會組織和建築設計，在在都令問題變得更複雜。殘疾人的自由可以藉這些其他層面上所下功夫而得到。此外，殘疾人當然也可以藉著對自己情況的態度，獲得一種心理的釋放。

有了這種觀點，對我們重看初期教會怎樣對待作奴僕的事情很有幫助。可以說，這種壓制的形式，影響了奴隸和主人生活的每一個層面。只有強烈的政治行動，加上社會和經濟的徹底重組，以及廣泛的羣眾支持，奴隸制度才可以被消除。由於初期教會不能這樣做，也沒有打算這樣做，他們可以被指為容忍奴隸制度。但他們真正所做的，是在**可能的層面**促進從為奴中得釋放的自由，例如在心理和緊接社交的層面。甚至服在不同信仰的主人之下的奴僕，他們也可以在為奴的情況中從心理層面找到釋放；他們在基督徒以弟兄姊妹相待的羣體中，發現人類平等的尊嚴。這不是自由的全部，但仍然值得擁有。教會失敗的地方，是到了後期仍然滿足於此。當教會取得了政治的影響力和塑造大眾輿論的能力時，他們最少應該試圖將奴隸制度消除。但從那時一直到十九世紀，教會人為地停止了聖經裏自由的動力；這個動力不單屬於一個層面，而是流動於所有層面之中。[13] 在教會自己的社交關係圈子中使為奴的得自由，本來可以成為「令全團發起來的酵」。

自由的各個層面之間的相互關係，最常被人説成外在與內在自由的關係，或者「屬靈」與「屬世」自由的關係，或者存在與結構自由的關係。[14] 這些一對對的描述不是很穩定的描述，也很難定界限，但它們可以將自由的經濟、政治和社會結構層面，跟那種甚至可以**不管**壓制結構的個人自由作概括性的區分。[15] 後者這種自由是真正而重要的自由，我們可以從以下的例子中看到。例如在古拉格勞改營（Soviet dissidents in the Gulag）的異見人士這個極端的例子中，儘管制度把他們壓制得不能忍受，但他們的思想仍然是自由的。又例如在羅馬帝國犧牲的基督徒殉道者，他們可以被視為當時真正最自由的人，因為他們可以不怕死亡的威嚇，拒絕順服屈從。這種在壓制人的結構中不理壓制的自由，不但是真實的，更是使人**從**壓制人的結構中得釋放所必須的。只有出於從建制中得到的內在釋放，蘇聯的異見人士才能公開地抗議，並期望將制度改變。這需要一個得釋放的摩西，神使他從屈從於法老不可抵抗的能力中得釋放，帶領百姓出埃及。也需要百姓自己在心理上逐漸得釋放，使他們在逃離埃及的軍隊之後，真正從埃及得自由。

我要說的是真正的自由不能局限於一個層面之內。雖然可能因為外在的自由不能得而要受景況矛盾之苦，但沒有外在的自由，內在的自由是不能滿足的。存在的自由恰巧與結構性的壓制共存的經驗，只是抵消這份自由而不是對抗這份自由。從這一角度來理解並不實在。沒錯我們不應該堅持，比如說，受壓制者的教會在令人受不了的環境中，叫人可以活下去。例如南非的非洲獨立教會即使有不關心政治的惡名，但仍然為種族隔離下的人提供身心疾病的釋放。我們不應怪責他們濫用福音，像怪責壓制者只向他們所壓制的人鼓吹純粹「屬靈」的基督徒自由一樣。但更令人有深刻印象的例子，是美國的黑奴。他們經歷福音的釋放，在為奴的不人道影響中給他們內在的自由的同時(「我是神的兒女，祂使我的靈魂得自由／因為基督為我的自由付了代價」)，肯定不會順從他們的捆鎖。相反，他們得神釋放的經歷，激勵他們渴望外在的自由(「我的神拯救了但以理／為甚麼祂不拯救我？」)。這種自由既是末世的(「孩子們，我們將會自由／當主顯現的時候」)，也是現實的(「法老的軍隊被水淹沒了／噢！瑪利，不要哭」)。[16]

新約為真正自由的本質提供了啟示：真正的自由是從追求自己的利益的奴役中得釋放，而在真正自由的內容中，捨己為人的自由也是很重要的。渴望自由的受壓制者，假如只是渴望得到壓制他們的人所享的自由——

只要自己有自由，其他人要承擔甚麼可以不理——他們並沒有真正從壓制他們的制度中得釋放。在這種情況下，得釋放的掙扎只是他們所對抗的制度的鏡影。這種自由叫人在追求自己的好處時冷酷無情；釋放了一些人，卻使另一些人受害；更產生一種新的暴政取代舊的。配稱為外在自由的自由，需要得了自由的人為他人、為其他所有人，並為壓制他們的人而活。[17]

第八章

以斯帖記與對猶太人的大屠殺

在這一章和下一章，我們將會在沒有想過的舊約經文中找到現代政治的適切性。這些經文説明了，當我們按著新的情況重讀聖經的文字，這種適切性便會浮現出來。本章和下一章的事情都是很引人注目的，它們讓我們看見，現代人很少關注、對他們好像意義不大的聖經中的部分經文(在這兩個個案中可以説是整個基督教的歷史)，怎樣忽然在新的情況中尋回它們的原意。

最少自馬丁路德開始，很多基督徒都厭惡以斯帖記。路德常常被人引用的評論，雖然不是真正代表他對以斯帖記的觀感，但也可以作為很多後世批評的典型：「我是那麼恨惡這本書(馬加比二書)和以斯帖記，恨不得它們沒有出現過。因為它們太猶太化，也有太多外邦人不合宜的行為。」[1] 安達臣(B. W. Anderson)所寫的，可以説是為以後的很多批評作了一個摘要：

> 以斯帖記不和諧的音符令那些聽慣了基督教福音的人覺得刺耳。這是一本明顯地屬於猶太人的書，它的主要目的，是批准一個純粹屬於猶太人的節日——普珥日，並為之定規則。它沒有一處經文明確指到神……而最重要的，是這本書的靈感，來自強烈的民族主義和無恥的報復行動，這很顯然與登山寶訓矛盾。這本書肯定是屬地的、世俗的。假如我們看了其他聖經書卷再看它，就如依活(Ewald)所説的：「我們便會掉下來，就如這卷書從天上掉到地上一樣。」[2]

我們會在下面著手處理這些對以斯帖記的批評。我們將會看見從某程度來說，只有當我們發現它令人憎惡的原因同樣可在我們身上找到，以斯帖記的現代適切性才會浮現。

以斯帖記的歷史真實性的問題，對我們這一章來說不是太重要。我傾向贊成將它定位於歷史和歷史小說之間的範圍之內。換言之，一些已經無從稽考的真實事情，[3] 為了令故事更生動，便用了不太關注報道事實的筆法來書寫。事實上，本書的死敵對它的敘述手法又羨又妒。書中的情節無論有多少是小說也好，本書的真理在於它對一個歷史情況的啟發；這個啟發在情節的安排，以及說故事的方式中傳遞了。

最後的解決方法

我們以現代的內容開始，這是好的；任何負責任的現代讀者也必須這樣將以斯帖記與現實扣上關係。當我們以一件現代歷史事件作闡明，讓我們以此理解以斯帖記，很多對它的抨擊便會失去說服力。這件現代歷史事情顯然一望而知跟本書的主題有關，那就是反猶太人主義歷史的可怕高峯——六百萬猶太人在大屠殺中死亡。以斯帖記與這件事情相接而得的新意義，我們簡直無需講出。我們反而可以（至少在開始的時候）滿足於這件事情的內容，強調本書原來的核心意義的方式。在充滿娛樂性的表面之下，以及在一個東方王宮發生的陰謀故事的架構之中，以斯帖記是一個企圖以政治手段滅絕猶太人的故事。以斯帖記真正的政治問題，不是伸冤報仇的民族主義，而是猶太民族面對反猶太人主義威嚇的生存問題。雖然很多解經家知道這個主題，但就算在第二次世界大戰之後，仍然很少人**注意**討論這本書，這真叫人震驚。

以斯帖記是波斯帝國政治的故事，所以它的背景是後宮和宮廷。它的典型場面是飲宴。在一章王后瓦實提被廢的記錄中，本書對宮廷尖銳諷刺的調子已經定了。[4]這種策略由下列的因素形成：敵人、激情、受損的自尊心、哈曼等弄臣的不滿（他追求權位，並試圖控制那理論上有絕對權力的偉大君王）。只有像末底改等忠臣的忠誠才可以彌補和挽回他們。本書的問題——猶太人的生存問題，在這個處境中浮現出來。末底改因為猶太人的民族驕傲，拒絕向尊貴的大臣、他民族的敵人哈曼行當時習慣的敬禮，引致哈曼企圖滅絕猶太種族。這個因一個人的不順服而作的不相稱的駭人回應，可以從這位大臣駭人的自我膨脹重要性中得到解釋：「他以為下手害末底改一人是小事」（三6）。但還不止此，在哈曼的企圖報復中，這個宮廷中的陰謀考慮到帝國的現實，因此反猶太人主義的行動便以最大的規模展開。

在哈曼給王的建議中（三8），猶太人要面對的一個**政治**問題，大概只有他們完全被消滅才可以解決。這個問題來自猶太人雖然分散帝國各地，但各地的猶太居民定意保留他們的種族和文化身分的事實。摩亞（Moore）對三章8節的翻譯十分恰當：「他們分散各地，但未被同化」。[5] 新英語譯本（NEB）的譯法是：「有一種民散居在王國各省的民中，他們保持自己與民相隔」。這種講法帶有一種異己的元素；猶太人的排外性被視為陰謀，甚至顛覆。猶太人嚴格遵守摩西律法所定的習俗，這嚴重影響了他們與外邦人的交往，使他們自成一羣。哈曼只是將公眾對猶太人的不喜歡和懷疑，提升至一個政治性的後果。一個種族為了保留他們的獨特身分而增強了疏離性，因而引致大多數人的敵視和懷疑；類似的文化與種族衝擊的情況，在這猶太人大流散的早期階段已經展開。哈曼繼續説：「他們的律例與萬民的律例不同。」很多種族在廣大的波斯帝國中保留自己獨特的習俗——帝國容許文化的多元化，並引以為傲。但哈曼含沙射影地説猶太人的律法與帝國的律法有衝突：「(他們)也不守王的律例」。他當然只是因為末底改明顯是個猶太人(三4)，因而推斷這就是他拒絕向他行禮的原因。但猶太人散居各地，又絕對地、宗教式地忠心守著自己的律法，令這個推斷看來十分合理。這個描述，浮現出一幅陰謀顛覆、在帝國各省都有支部的地下運動的圖畫。所以，「容留他們與王無益」。[6]

哈曼沒有告訴王，他所提到的民族的**身分**，王也沒有問他們是誰。他絕對放心信任這位大臣，或者最少被他慷慨的賄賂影響(三9)。所以我們假定薛西(Xerxe；編按：即亞哈隨魯)沒有特別反猶太人主義的偏見。但在哈曼的諭旨中，我們假定在帝國各地有廣泛的反猶太人主義(三13)。這個諭旨需要廣泛的大眾輿論願意執行它。以斯帖明智地隱藏她猶太人的身分(二10)，也反映了普遍反猶太人主義氣氛，令本書所講猶太人的生存問題言之有理。正如在以後很多的迫害中，惡毒但無恥的政治論點，總能贏取大眾對反猶太人主義的支持。

可是，哈曼的迫害不是普通的迫害，而是對「猶太人問題」的「最終解決方法」。諭旨所用官方語言的重複字眼(「……將猶大人，無論老少婦女孩子，在一日之間……全然剪除，殺戮滅絕……」；三13)，加強語氣地說明了一個已經十分清楚的動機(三6、9)，並且在故事繼續下去時一再強調(四13，七4)。從本書的第一節開始，讀者已經知道薛西的帝國是「從印度直到古實」。可以說，全世界所有的猶太人都在薛西的權力範圍和哈曼的陰謀之下。除了在波斯帝國的時期，我們想像不到歷史上有任何一個時間，可以一個政治計劃便將整個猶太民族一次過滅絕。假如哈曼這個採用了極端的形式的計劃，不是古代歷史的事實，那麼，可能作者是借這個歷史背景的機會，說明他們的環境，讓讀者以這歷史背景來想像反猶太人主義對他同胞威嚇的程度和幅度。在德國奧斯威辛(Auschwitz)集中營之後，我們不會說他是錯的。

當猶太人末底改拒絕奉承哈曼的妄自尊大，他覺得自己的尊嚴受損，因此要求報復。希特勒希奇古怪的計謀，竟跟哈曼計謀的來源有異曲同工之處。在一九三九年的演說中，希特勒(Hitler)說：

> 在我的一生之中，我常常作先知，也常常因此被人取笑。在我爭取權力期間，當我說有一天我將會成為國家元首，然後管治整個民族，然後在解決其他事情之餘解決猶太人的問題時，是猶太民族首先將我的預言當作笑談。他們的笑聲很吵鬧，但我想，他們這時已經只能用另一張臉笑了。[7]

我們不應誇張地説哈曼預示希特勒。他要滅絕猶太人的動機純粹是個人的，不像希特勒那樣，是一個宏大的政治設計的一部分。但在古波斯宮廷政治的現實限制中，哈曼預示了第三德意志帝國奇特的二十世紀政治。不過，本書作者雖然沒有給哈曼先知的重要性，卻有意使他超越這個故事之外。哈曼是「亞甲族人」(三1，八3，九24)，和亞瑪力的皇家有關聯(民二十四7；撒上十五8～9、32～33)，自古以來是以色列人的死敵(出十七8～16；申二十五17～19；撒上十五章；代上四43)。哈曼不大可能是亞瑪力王亞甲的後裔，「亞甲族人」一詞本來可能有一些波斯族賦予這詞的獨有意思。但在這個故事中，將哈曼和亞甲相聯給他一個很獨特的意義，[8] 以下的事情可以作為確認：他的敵人末底改像曾經打敗過亞甲(撒上十五章)的掃羅王一樣(撒上九1～2)，是便雅憫族基士的後裔(二5)。「亞甲族人」哈曼變成了猶太人敵人的典型，可以簡單被稱為「猶大人的仇敵」(三10，八1，九10，另參七6)，或者「(全)猶大人的仇敵」(九24)。作為一個典型，哈曼成了一個猶太人將來的敵人可以扮演的**角色**；再將他為末底改而建的巨大高台串連起來，他便成了這些敵人的結局的預示。高翰(Abraham Cohen)這樣寫道：「無數代的人都將(以斯帖記)這個故事，看為自己的故事，並在歷史的嚴峻時刻之中取得盼望。他們相信他們所認識的哈曼將會倒下。」[9] 他所指的「無數代的人」當然是**猶太人**。

不是基督徒從沒有視哈曼為逼迫教會的暴政的預表，而是以斯帖記是一個關於**猶太人**生存問題的奇特故事；

三章8節反猶太人主義的典型論點已經將這講清楚了。將其他形式的滅絕猶太人的企圖，或者新約中對神的子民的逼迫與之作類比雖然沒有錯，但閱讀以斯帖記的基督徒讀者應該小心別迴避本書的重心問題：猶太人面對反猶太人主義威嚇的生存問題。我們在看過以斯帖記另一件有更廣泛含義的事情之後，會再回到這個問題。

沒有神指引的政治

除了被指為報復性的民族主義之外，以斯帖記另一個常常被人指責的特色，是它被指為非宗教的性質，最明顯見於它完全沒有明顯提及神。事實上，任何一個古代猶太人讀者，看到這個令人注目的、猶太人逃避完全被滅絕的威脅的故事時，很少能不辨識到神保守和拯救祂選民的目的和能力。不管怎樣，以斯帖記在記述神對以色列人的心意的聖經歷史正典的內容中，能使讀者將它關聯於神的目的的外在工作。另一方面，本書沒有藉著描述者或者故事中的人物，為這個故事提供任何明顯的神學詮釋。跟聖經其餘的敍述有那麼明顯的對比，這一定要仔細思想；我們如不仔細推敲，便很難正確地理解以斯帖記。

不過，我們不一定要對抗以斯帖記的故事所展現出來的基調，雖然這基調似乎十分世俗。相反，假如我們正確地詮釋，這個特色能大量增加我們從以斯帖記找到我們現今的適切性的可能。這個特色也許能幫助我們在政治事件中，解決辨識神的意圖和活動這個大難題。

將以斯帖記的故事和出埃及記的故事作比較，能幫助我們做到這一點。[10] 這兩個故事都講到神從外邦人的勢力中拯救以色列人。以斯帖在薛西的宮中所扮演的角色，某些方面像摩西在法老的宮中所扮演的角色。但兩個故事仍然有很重要的分別。在出埃及記的故事裏，神的意圖和活動是**證據**；作為先知的摩西聆聽和宣告神的目的。雲柱火柱讓人看見神對百姓的帶領。但在以斯帖記的故事裏，沒有這種神的心意的宣告；以斯帖和末底改都不是讓百姓知道神的意圖的先知。書中沒有人權威地指出神的工作，也沒有超自然神蹟的記載。換言之，以斯帖記的作者只是描述平常世界的政治行動。這是他所經歷的世界，也是我們大部分時間經歷的世界，一個沒有明顯指示神的旨意的世界。沒有神的指引，沒有雲柱火柱，沒有預言，神的百姓怎樣採取政治行動？

這不是說神沒有在以斯帖記的故事中作工。以斯帖記的作者將神對祂百姓的周詳照顧視為理所當然。但他強忍著，沒有明顯地將它指出，因為他要讀者自己辨識：這個故事裏的人物會令讀者將它辨識出來，不用在故事之外作詮釋。問題是神**怎樣**作工，以及祂的活動**怎樣**成為證據。這個故事有一個特色，能讓讀者清楚指出神周詳的行動：一連串值得注意的「巧合」。這個故事靠著一些很難預計的事情組成，故事中的演員是不能將它們特意製造出來的，但沒有了這些事情，以色列民族便早已滅亡了。末底改發現行刺薛西的陰謀（二22）；王后的空缺和以斯帖能夠成為王后（二1～18）；王在那一晚失眠（六1）；哈曼那一天早上提早到王宮（六4）：這些巧合的事情的組合形成了故事的情節。事實上，是這一個接一個的巧合，令人覺得這個故事不大可能在歷史上發生。但作者有意在描述故事時用**巧合**代替神蹟，作為神工作的記號。巧合本身沒有證明甚麼，但當我們在神的心意作為前設的亮光中看這些巧合，便能看見它們彰顯了神的作為。這個神的心意的前設，是作者視為理所當然，而他的讀者也肯定會視為理所當然的，那就是神讓祂百姓生存的承諾。這個承諾已經是眾人皆知，因此可以在故事中由哈曼的妻子細利斯講出來（六13）。雖然她所說的話是「非神學」的形式，沒有提及神，但這正合於出自她的口中，也令故事保持沒有明顯提及神。既知道神的目的是要保守祂的百姓以色列民，猶太人在這個故事中藉著巧合的事情免於滅亡，便一定是指向神周詳的工作。從這個意義來說，正如堅尼斯（David Clines）所講：「神在這個故事裏的角色雖然沒有出場，但這卻令祂更顯而易見。」[11] 不過，我們需要注意，只有當我們在故事結束之後追溯，才會發現這是真的。我們已經預先知道神承諾保守祂百姓的安全，但祂怎樣實現這承諾，在實際事情中祂周詳的計劃是怎樣的，都只有在故事的發展中才會浮現出來。

留心觀察巧合的事情在這故事裏所擔任的主要角色時，我們可以注意到人類的行動以兩種截然不同的方式令故事的情節發展。一方面，一些人類的行動做成情節巧合的特色：薛西王睡不著覺，命人念宮中歷史給他聽，而哈曼為了想叫末底改的死刑儘快執行，那天早上很早便到王宮。這些人類的行動**周詳地**促進了保守猶太人生命的行動，但故事的人物卻沒有這樣的意圖。事實上，哈曼的意圖剛好相反。另一方面，一些人類的行動卻特意是為了保守猶太人的生命，例如末底改和以斯帖在四至五章和七至八章的行動。這些行動對情節中的拯救結果，以及巧合的發生都是必須的。正如堅尼斯的另一番話：「沒有那些猶太人角色的智謀和勇氣，神所啟發的巧合事情也不會成功。而沒有了這些巧合的事情，全世界的智者也救不了猶太人。」[12] 以斯帖記是神的周詳計劃(彰顯於意想不到的事情)，與末底改和以斯帖的機敏和勇敢的行動，兩者**合作**而成的故事。[13]

現在我們可以明白以斯帖記四章14節，這著名的鑰節的全部意義。在這一節經文，末底改勸以斯帖將自己的性命掌握在自己手中，好為她的同胞向王懇求。他說：「此時你若閉口不言，猶大人必從別處得解脫，蒙拯救；你和你父家必致滅亡。焉知你得了王后的位分不是為現今的機會嗎？」「從別處得解脫」的意思，不是有些人所說的暗指神。[14] 末底改不是說，假如以斯帖不做一點甚麼，神便會出手干預。他的意思是無論是藉著以斯帖的行動，還是藉著別的途徑，猶太人的拯救總會出現。他滿有把握的一件事情，就是神會保守祂的百姓，不過由於沒有神的信息，他不能知道神會**怎麼**做。他不能知道他或以斯帖的行動怎樣可以配合祂的計劃。這讓我們開始看到，以斯帖貴為王后的身分是出於神周詳的計劃，猶太人的拯救會藉著結合這件計劃周詳的事情，以及以斯帖為她同胞所作勇敢的行動而來。但末底改沒有肯定事情會這樣發展，而我們也要在情節發展下去才知道。

他的「焉知……」不是懷疑論，但也不是很有信心的預言。這是一個盼望能行得通的假設。

基督徒的政治行動常常也像這樣。政客本身的行動**極少**形成事情的結果；只有當這些行動在一個既定的內容之中互相運作，並加上不能預見的事情發生，它們才會有成效。基督徒政客必須盼望與神的周詳計劃合作，但同一時間，他會發現自己大部分時間都不知道自己的行動在神更廣大的旨意裏所扮演的角色。因此，要決定歷史的方向，末底改對以斯帖的警告，往往比肯定說這是神所定的命運更合宜。但這不是說基督徒的政治活動是多餘的。以斯帖的勇敢行動，**結果**成為神確保祂的百姓得拯救的方法一個非常重要的元素。基督徒政客必須像以斯帖一樣，承擔他們的責任，並以行動回應這個責任，將結果交給神。在一個沒有神的指引的世界，末底改和以斯帖比摩西和亞倫更能成為基督徒政客的榜樣。

道德與能力

以斯帖記只是關於一個政治問題：猶太民族面對反猶太人主義威嚇的生存問題。這假設了神的計劃的一個元素：神對祂的百姓以色列人生存的承諾。這顯明了神計劃周詳的事情，這些事件怎樣與人作出回應的政治行動合作，拯救以色列人脫離生存的威脅。以斯帖記不是要講政治倫理。我們不能從以色列人得拯救是計劃周詳的事實，便說當中人物為達到這結果所採用的步驟一定是合乎道德的。[15] 神隱藏在本書的背後，故事人物沒有神的**指引**但要行動的事實，令這一點十分明確。書中沒有任何神吩咐人做任何事情的話。所以，像很多現代的政治事件一樣，我們必須小心，不要以為假如我們沒有贊同所有導致這結果的方法，便不能得到一個明顯很好的政治結果。歷史沒有這樣非黑即白的特性。

不過，猶太人殺死他們的敵人，令人對本書產生義憤，我們必須為此說一些話。首先，除了以斯帖記，當然沒有別的書記載猶太人那麼敵對外邦人。猶太人與外邦人之間的互相敵對，來自外邦人對猶太人的敵對——反猶太人主義。以斯帖記假設了，撇開反猶太人主義，猶太人和外邦人能在政治生活中互相合作，就如末底改的行動粉碎了行刺王的陰謀（二19～23），以及他晉升為大臣的事件（十2～3）。那些投訴在以斯帖記中，猶太人對**外邦人**沒有憐憫的人，像很多反對以斯帖記的基督徒一樣，顯示了一種反猶太人主義的殘餘。在猶太人和外邦人的衝突中，他們直覺地怪責猶太人沒有容忍外邦人，卻不怪責外邦人沒有容忍猶太人。參照了現代的歷史之後，有上述態度的人便會對猶太人被希特勒大屠殺感到震驚。但從對舊約的批評來說，這種態度仍然存在。所以，猶太人面對的大屠殺能幫助我們明白以斯帖記。以斯帖記讓我們看見猶太人是一個少數民族，受到滅種的威脅。他們附近很多民族的人對他們的敵視，很容易以一個政治陰謀煽風點火，將他們燒盡。投訴**他們**敵視外邦人，完全是不合理的觀察。

第二，猶太人面對的大屠殺能改正我們的觀點，也能提醒我們不要**輕易**對九章猶太人的「報仇」妄加譴責。

猶太人打敗他們的敵人，不是被描繪為報復，而是自衞（八11）和懲罰性的公義（八13）。[16] 他們所殺的，是那些預備執行滅絕他們的諭旨的人（九2）。這懲罰性的公義是很粗略的，但相比聖經很多其他的例子已經沒有那麼粗略了。要不同意這觀點，我們需要面對，在一些最艱難的政治事情中明白饒恕的意義的難題。

第三，對於**權力**的看法，以斯帖記比那些批評它的人來得更實在。它承認一個像猶太人一樣被恐嚇威脅的少數民族，假如沒有途徑取得政治權力，便不能從眾鄰的敵視中找到安全。因此猶太人的拯救來自一個權力形勢的逆轉（九1），[17] 並在末底改運用他新得到的權力保護猶太人之中得以鞏固（十3）。本書的最後一節（十3）是一個很合宜的總結，因為它指出了（最低限度在那時），猶太人怎樣能夠從由哈曼的計劃所代表的類似威脅中，仍然得以安然無恙。在一個專制極權的國家裏，非常靠賴誰人得到君王的寵愛，事情就是這樣運作的。

從這個觀點來看，我們可以了解大屠殺之後的倖存者建立以色列國的意義。也許有人會高度質疑，猶太人聲稱在自己的土地上擁有政治獨立的權利，以及這個民族在這一片土地上認為應該擁有的宗教權利。[18] 但在猶太人被大屠殺之後，以色列復國作為猶太人生存的政治途徑的重要性，是很難否認的。文明的現代西方社會保護猶太人免受反猶太人主義的威脅的能力，令人非常質疑。這不但因為大屠殺本身，也因為當納粹德國的民主國家敵人知道猶太人被屠殺時，他們都顯得漠不關心，這理應受到指責。就像在末底改的時代，猶太人的生存似乎需要猶太人參與波斯帝國的權力架構一樣，在現代民族國家的世界之中，猶太人的生存似乎需要以一個猶太人民族國家的形式，給它自決的能力。以色列立國誠然是一個非常尷尬的現象。這不但因為它對巴勒斯坦帶來的後果（巴勒斯坦人認為這是殖民和取代），也因為猶太人為自己的宗教帶來的後果。從無權無勢之中冒出來的猶太人，令以色列像在掃羅的時代一樣（撒上八5），成為一個像四圍列邦一樣的國家。她宗教的天職用了一個世俗國家的身分來作妥協。[19] 可是，聲稱要生存的言論未可輕看。猶太復國主義者傾向認為世界深深被一種永恆潛在的反猶太人主義影響，但非猶太人很容易會認為他們是誇大了。但在這種傾向的背後，以斯帖記已經預示了一個邪惡的歷史，並於半個世紀前，其中一個最罪大惡極的戰爭罪行中達到頂點。

以斯帖記的政治觀點的**限制**，是它只不過是在現存的政治架構中，為它面對的問題設想一個解決的方法。它面對的問題是猶太人很容易受傷害；它解決的方法只是將權力的情況逆轉。反猶太人主義被「消滅反猶太人主義」消滅了；末底改取代了哈曼掌權。所以，儘管本書的敘述以明顯的諷刺批評波斯的專制極權制度，到最後，這個制度被實際地接受了，並被用來保護猶太人。舊約接受和適應現存的政治制度和架構，這不是絕無僅有的一次。此外，對於散居四處的猶太人來說，這當然是他們所能期望的最實際的事情。末底改承接了約瑟和但以理的傳統：他們都是在政治紀錄有問題的外邦帝國中，作顯要官員的猶太人。可是，現實主義的優點帶來遠象的限制。打從君士坦丁開始，基督徒在政治中已經經歷到實際的現實主義和徹底的遠象之間的張力。另一方面，在耶穌的教導中，我們發現祂對外邦帝國使用的權力徹底批評，祂要求的不只是權力情況的逆轉，而是價值觀的逆轉(可十42～44)。

一本給基督徒看的猶太人的書

將以斯帖記關聯於現代猶太歷史和現代反猶太人主義，所引起的**神學**問題超出我們這裏的討論範圍。神在以斯帖記裏對祂百姓的周詳保護，與祂在大屠殺中明顯地遺棄祂的百姓有矛盾。從某種意義來說，這引起了關於神的周詳計劃最令人困擾和痛苦的神學問題。新約和舊約所啟示的猶太人神學上的身分，經過基督徒反猶太人主義的歷史，成了一個基督教的神學問題。隨著基督徒有意悔改並譴責反猶太人主義，這是一個不能逃避的問題。這些範圍更廣闊的問題雖然重要，但會將我們帶離以斯帖記的特定政治含義很遠。這些含義主要是猶太民族生存的權利(一個根源於神對猶太人生存的關注的權利)，以及在面對反猶太人主義時，要用**政治的**途徑保護這權利的需要。

當然，從某個角度來說，這些問題只是種族主義和種族滅絕的問題其中一個例子。假如別的民族沒有特別的政治權利，猶太民族也不能擁有這種權利(甚至舊約聖經也沒有宣稱他們擁有這種權利)。吉卜賽人是一個特別的民族，但他們擁有的權利跟猶太人一樣。在普撲

(Pol Pot) 政權之下的柬埔寨人，有權保護自己不被滅絕，就像在納粹政權下的猶太人一樣。假如一個民族國家承認應用了猶太人有權生存的含義，那麼，按著這原則，我們也應該接受這句話應用於亞美尼亞人、庫爾德人，甚至巴勒斯坦人身上。從某個角度來説，沒有明顯神學理論的以斯帖記令人可以普遍地應用它，那正是阿摩司書九章7節的理據：以色列人生存的權利，暗示了其他受生存威脅的種族也有這權利。

不過，反猶太人主義也真是一個特別的現象。正如以斯帖記三章8節已經暗示了的，猶太民族的特色與他們努力維持忠於神給他們的律法有關。這特色也導致後來外邦基督徒**神學**拒絕承認猶太人立國的合法性。這些特色沒有給猶太人高於其他受生存威脅的民族的政治優待，但這些特色賦予猶太人的生存問題一種特殊性，正如另一種不同的特色，賦予亞馬遜印第安人的生存問題特殊性一樣。無論將以斯帖記的信息普遍化的合法性有多高，我們也不應該迴避它**主要**論及的反猶太人主義的特定問題。從設立普珥日的記錄 (九23～32) 我們已經可以清楚得知，儘管它沒有明顯的神學，反猶太人主義是它主要論及的問題。

普珥日不像另一個慶祝民族得拯救的大節日逾越節，基督徒從沒有對它作過詮釋。新約沒有提過這個節日，也沒有引述過以斯帖記。教會多個世紀以來相對地忽略以斯帖記，這與書中強烈的猶太特色有關；它所講的是一個純粹猶太人的節日，而它所特別關注的，只是猶太人特殊的民族身分。以斯帖記的信息只關心猶太民族的生存問題，對以色列人的宗教天職沒有任何明顯的關注，令它很難轉化為一個可以普遍應用的宗教信息。可是，基督徒先是忽略以斯帖記，後來是貶低它；同一時間，基督徒反猶太人主義也不斷增長，輕視或甚至否定了猶太民族立國的身分。對此我們不應視若無睹。以斯帖記對基督徒的適切性，應該首先從以下的事實中取得：以斯帖記雖然沒有像其他舊約書卷那麼被視為基督教書卷，但它仍然是一卷猶太人的書。在猶太人受逼迫的千百年來，每年普珥日它都被誦讀，無需任何令它適切現今經歷的詮釋。鑒於這個歷史，基督徒將以斯帖記看為一本在基督教的聖經裏出現，要基督徒注意的猶太人的書，以這個角度來閱讀是合宜的。在納粹的死亡集中營中，猶太囚犯是不能看以斯帖記的。他們會將它默出來，在普珥日偷偷念誦。[20] 基督徒應該這樣閱讀以斯帖記。

第九章

創世記的洪水與核子大屠殺[1]

最困難的釋經任務，大概是將聖經與現代世界十分新奇的事物扯上關係，而這些事物是聖經沒有直接提及的。嘗試從聖經的觀點看世界的基督徒，最後往往將現代世界放於聖經世界的「普羅克汝斯忒斯之床」(Procrustean bed) 上——強行將現代世界套進聖經最初寫成及所寫給的世界。現代社會的新穎事物，一是被縮減為聖經世界的某些特色，不承認它們的新奇之處；一是不被視為現代世界真正重要的特色，人們承認它們的新奇之處，但很輕視它們。現代世界顯著地被極富新奇特色的事物塑造成，這些是聖經的作者不曾想像過的。這一點我們似乎很難承認，因為聖經對現今世界講適切的話的能力，似乎會因而減弱。

我們需要發展一套釋經系統，以連接聖經原本的內容與我們當代社會的內容之間的鴻溝。這套釋經系統不單會以相同之處，也會以相反之處來將兩者連接，好讓這些相反之處，能夠成為聖經說明我們現今世界的神學意義的途徑。在這一章，我們會以一個現代議題作示範，這議題的新穎性叫人感到驚奇和難以掌握，這個問題就是現代核子武器所帶來的威脅。我們會藉以探討將現代議題與聖經原本內容相同及不同之處連接起來的方法。聖經有很多部分和很多主題都可以有效地關聯到這個問題。我們選擇了洪水的故事(創六～九章)，因為這個敍述正如上一章的以斯帖記一樣，可以成為一段為現代問題取得令人驚奇的新的適切性的例子，也因為它能全面顯示我們所面對的核子武器威脅的程度。

洪水

開始的時候，我們嘗試在創世記的處境之中，理解這個洪水故事的意義。按著我們的目的，我們可以撇開這個故事的歷史來源的難題。[2] 無論這個聖經故事是否像一些當代學者所說的，[3] 和世界各地很多類似的故事一樣，保留了一個天災的原始記憶(就是在史前時代，這個天災消滅人類的事情)，還是這個故事只是源自一個或多個地區的災難，[4] 再投射到一個全球性的比例中，這都不重要。這不重要，因為這個故事的信息，主要不是神有一次將洪水降到整個地球上，而是祂永不會再這麼做。[5]

世界被洪水淹沒的故事，無論來源是甚麼，都反映了人類很早已經醒覺，使人類可以在地上生存的條件是多麼脆弱。大自然的無邊力量，能帶來災難性的毀滅，威脅人類的生存。在自然世界，沒有甚麼能夠保證人類可以在其中延續生命。在創世記記載事情的用語之中，神沒有消除令地面空虛混沌的水，只是限制了它活動的範圍：神在創造世界時將它分為上下，並抑制著它(一6～7)，好創造一個空間讓生物居住。「在創造的邊緣，空虛混沌的水仍然保留著，可以說，是作為一種威脅的可能性」。[6] 只有神維持創造的秩序，才能阻止這些破壞的力量帶來災害。洪水的故事說明了這一點；它詳細描述神惟一一次從天上和地上釋放令地面空虛混沌的水(七11)，使它們連成一體，再次淹沒大地，差不多回到創造前的情況，破壞了第五天和第六天的工作(七21～23)。

當神保證祂永不會再用洪水毀滅大地（八21～22，九8～17），洪水的故事的目的便達到了。「地還存留的時候」（八22），神會保證它的穩定性和自然的情況，因為這地是人類和動物賴以生存的。以後永不會再有這個程度的天災威脅人類的生存（八21，九11）。

所以，這個洪水故事最首先的解經關鍵，是體會它怎樣告訴早期民眾，留意來自宇宙不能控制的混亂力量對人類生命的威脅。它以這樣的形式補充了創造世界的記錄。從洪水的故事我們可以看見，在起初設立人類和動物生存條件的創造主，可以消除祂所創造的一切。但事實上，祂向自己保證了，永不會再那麼做。這個故事最初的聽眾知道，人類生存的自然條件不能視為理所當然，好像上天一定會賜給他們。他們知道這在乎神的旨意。但他們也相信創造主的應許，以彩虹為記，證明祂會保護和維持祂所創造的。祂創造的旨意和祂對受造物的承諾，都是可以信賴的。

在人類歷史的最早期，他們一定已經有一種很鮮明的意識，知道人類生存受勢不可擋的災害威脅。但到了舊約的時代，這種意識一定已經變得十分模糊。在歷史上大部分的時間，人類生存的事情，從沒有離開過這個與洪水故事有緊密聯繫的預示大災難的傳統。[7]當種族生存既不是有真正的問題，也沒有任何獨立的好處時，政治發展令本身國家和人民的生存，成為壓倒性的頭號大事。（直到近代，在民族生存和人類生存之間產生的，新奇而值得注意的張力和組合，才以一個核子威脅的形式出現。）此外，直到最近之前的現代歷史，對大自然不能控制的破壞力量的恐懼，正穩定地被一種人類能控制環境和人類生存條件的意識取代。正如韋斯德曼(Claus Westermann)所講：「因此，在教會的教導中，神的創造常常是重要的部分，而洪水卻一點也不重要，並因著實際的目的，而完全消失於宣講之中。」[8]當然，洪水的故事可以用來提醒人們，人類生存可能發生的事情。但事實上，人們卻極少用這個故事來這麼做，因為在過去的近代歷史，這個故事已經不再跟人類生存現況的威脅掛鈎。但韋斯德曼進一步的觀察認為這將會改變：「將來，人類可能會更意識到危及全人類的危機和威脅的出現，洪水的故事會再一次聽到。」[9]

在取得這個可能性之前，我們必須注意這個創世記的故事另一些特色。這不但是一個關於世界被毀滅的故事，也是關於審判全人類的故事。洪水的來源，是神為祂所造的人類的墮落而憂傷，甚至「後悔」造了他們(六6～7)。這兩節經文的意思，是神所作要毀滅祂的創造物的決定，是一個痛苦的決定，是一個憂傷多於怒憤的決定。[10]但神要作這個決定，因為地球已經不是神本來所創造的地球。「神觀看世界，見是敗壞了」(六12)，這跟創世記一章31節顯然是一個對比：「神看著一切所造的都甚好」。神所造的已經不再是好，因為人類「敗壞」和「毀滅」了它：因此祂要「把他們和地一併毀滅」(六13；六11、12、13、17所用的字也是「敗壞」和「毀滅」)。

聖經特別指明是人類的「強暴」敗壞了地球(六11、13)。[11]創世記四章所描述人類文明的發展，點出了這個強暴的主題。雖然在該隱城中的文化起源，以及拉麥兒子們的發明（四17、20～22）沒有受到譴責，但他們以將暴力升級聞名，令人類文明發展的成就變得意義含糊。將兄弟殺死的該隱，開始了用暴力擾亂破壞所有人類之間的兄弟友愛的先例。而為了防止暴力升級，神保護他不被人報仇殺死，並宣告殺死該隱的必遭報七倍（四14～15）。可是，該隱的後裔拉麥不遵守神這個對暴力所定的限制；他向他的妻子們吹噓自己能給予無限的報復的能力（四23～24）。拉麥的兒子無疑既鑄造了犁頭，也鑄造了刀劍（四22）。拉麥之歌不但緊隨在他兒子的科技成就之後，也總結了創世記四章17至22節有關文明的故事：

> 該隱和亞伯的故事告訴我們，當神所創造的人友愛同居的同時，也有互相殺戮的可能性。拉麥之歌指出了，人類潛能引發了更多的進展，增加了互相毀滅的可能性。人的能力愈增加，孤行專斷和自尊自傲也愈增加，因此受了很少的傷也睚眦必報。[12]

神用洪水審判人藉著暴力敗壞地球的真正意義，在神保證這種審判永不會出現之中再次浮現出來。神保守挪亞一家的性命，令受造物在洪水之後可以有一個新開始。但這不是一次新的創造，這不是人類犯罪導致洪水的原因消除了之後的新創造。雖然在新約，挪亞的得救成了基督徒得救的一個預表（彼前三20～21），但最多也只能是一個預表，因為洪水只是消滅了罪人，沒有消除罪。所以神在洪水之後觀察（八21），發覺人心是傾向惡的，正如祂降下洪水之前所看到的一樣（六5）。但在洪水之前，這是祂毀滅人類的理由；在洪水之後，神容忍這個情況。**儘管**人類行惡，神決定永不消滅人類（八21）。所以：

> 正因為世界現在處於神的憐憫之下，洪水不會再出現。這不是說洪水時代的人比以後的世代邪惡，因此導致洪水的原因已不復存在。在洪水之後，人類沒有甚麼分別……儘管人犯罪和行強暴，神已經對自己承諾不會消滅世人。[13]

這樣說來，這個所謂「挪亞之約」（九8～17），它所具備的單方面履行特性十分重要。約中沒有附帶任何要人履行的條件。神保證從今開始會限制令地面空虛混沌的水，這是一個無條件的恩典。

所以，洪水的故事顯明了，人類的生存不但有賴神的這個意旨，也靠著神的憐憫和忍耐。[14]那些原則上因著罪而一次又一次喪失了的東西，因著神對挪亞信守承諾的恩典一再賜給人。關於神普世救贖的目的的聖經故事，是基於這個對普世憐憫的背景向我們呈現出來。

我們一直說洪水的故事是一個關於人類生存的故事，但它顯然也是一個關於動物生存的故事。這兩個故事是緊密地結合在一起的，「人和動物並肩站在一起面對威脅他們生命的災難」。[15]創世記不是如一些人所說那樣，指到動物是為人而造的。相反，創世記將動物置於人類使牠們得好處的權柄和責任之下。神分派了祂管理世界的部分權力給人，讓人管理世上萬物(創一26、28)。[16] 在芸芸的聖經人物之中，挪亞利用他「自然保護者」的角色，效法神照顧祂的受造物，最能代表人類這個「管理」的真正意義。雖然創世記九章2至5節讓人類的生存優先於動物的生存，但也很清楚說明，即使神准許人殺動物來吃(九4)，我們也不能否認在神的眼中，動物的生命也有牠的價值。更令人值得注意的是，挪亞之約所用的字眼包含了一個責備：人類以自己為中心看世界的傾向，超過了神所容許的程度。明顯地，除了挪亞和他的後裔之外，動物也是世界的受惠人(九10、12、15、16)。神關注和保證動物的生存，正如祂關注和保證人類的生存一樣。[17]

最後，我們應該注意神在創世記九章1至7節，更新祂給人類管理受造物的委託。這不但指到受造物在洪水之後有一個新的開始，給地上的人類並他們與動物的關係，重新建立神創造萬物的旨意，也指到受造物會被現在已經成了人類生活特色的強暴所約制。由於神保證了即使人行強暴，祂也向自己保證人類和動物的生存，祂據此重訂祂給人類管理受造物的委託。強暴必須受到牽制，免得它危害人類的生存。現在，人類對動物的管理容許有限度的暴力(九2～5)，但只有在人類為了生存才可以這樣行。同樣，神准許有限度的報復(九6)，限制了人對人的強暴，使殺人不致引來無止境的仇殺。在古代社會，世仇常會一代一代延續下去。所以神現在准許這種有限度的暴力，令人類在對動物的強暴與互相仇殺之餘，能夠繁衍於世上(九1、7)。有了這種聖經給我們的後見之明，我們當然可以藉著這種抑制的措施，看見神要改變人心的救贖策略。不過，這種抑制的措施不像挪亞之約中有條件的恩典，這種措施是神交託人去施行的。神沒有保證這種措施永遠可行。

核子大屠殺

近年來，人類在這地球上的生存正受威脅的意識，再次成為對人類現況普遍關注的一部分。但令它浮現出來的形式，跟洪水故事的古代形式截然不同。在古代，它反映出人類在大自然不受控制的破壞威力中的脆弱。但在現代，它反映出人類對自然力量空前的控制。

科技的進步，令現代人與自然世界和動物世界的關係，變得跟創世記九章所預設的很不同。我們不再主要是靠著自然世界的情況過活，反而控制和引導著自然的力量，並且不斷改造自然世界，令它成為一個更適宜於人類生活的環境。儘管我們面對自然災害時仍然是脆弱的，但我們卻能夠不斷減少這些災害的影響。好像非洲饑荒等破壞性的現象，其實是可以預計和防止的。這些天災不再反映出人類在自然力量之前的無助，卻反映了人類的自私、疏忽和貪婪。在創世記四章，我們已經看見人類文明的來源意義含糊。可是，隨著現代科技的發展，這變得愈來愈清楚。減輕人類苦況的工程，同時也是二十世紀令人厭惡的殘忍戰爭和暴政變得可能的工程。生態危機顯明了，為了我們的利益改造自然，以及令我們在某程度來說，無需靠賴自然世界不能控制的因素，這種種對大自然的控制，同時也帶來了對我們賴以生存的自然環境的威脅。管理人類在地球生活的環境的權柄，既然在我們自己手中，維持它或毀滅它都是我們要承擔的責任。

現代人類對大自然的控制的可怕含糊性，在核子彈之前變得最明顯不過。**我們**現在能夠做洪水所做的事情。從前在挪亞的日子，只有掌握在神手裏自然力量所能做的事情，現在人類也能夠做到。我們能夠釋放空虛混沌的力量，消滅神的創造物。在洪水之前，人類令地球「毀滅」，是以他們的強暴「敗壞」它（六11～12）。現在，人類的暴力對地球的威脅，是要像神用洪水毀滅地球一樣毀滅它（六13、17）。人類生存的威脅現在直接來自我們自己。人類發明了可以令全人類滅絕的能力，正如舒爾（Jonathan Schell）所說：「（人類）已經根本改變了生命給我們的環境，也就是說我們已經改變了人類的生活條件。」[18]

當然，沒有人能完全肯定大量使用核子武器的後果會是怎樣。我們尤其不清楚，南半球能否逃避北半球核子戰爭毀滅性的後果。當我們全面地想一想，不單核子彈爆炸和核子輻射能帶來即時的毀滅，「核冬」（nuclear winter）和長期的環境影響，包括對臭氧層不能彌補的破壞，都對大氣層造成大規模的影響。很明顯，任何規模的核子戰爭，都能為人類生存構成真正的威脅。不是每一個可能發生的核子戰爭會結束人類的歷史，而是現在人類毫無疑問有能力，令地球不再適宜於人類或其他大多數生物居住。[19]

這種人類**自我**毀滅的極新奇的威脅，是聖經沒有設想的。(聖經所啟示世界毀滅的景象，也不過是像洪水一樣人類**自我**毀滅的個案。)所以這時我們必須避免傳道者式的釋經試探，只強調聖經所說的情況和現今的情況的相同之處，卻犧牲了它們的不同之處。這是低級的適切性；在儘量使聖經看來對現代人有適切性的同時，卻扭曲了它真正的信息。聖經對現代人真正的適切性，只有從完全了解我們的情況，跟聖經直接提及的情況的不同之處，才能理解得到。只要我們用一些時間來想一想便會清楚：夏甲不是現代所謂「代孕婦」在聖經中的先例，因此這很清楚說明，核子大屠殺不會是另一次洪水。但另一方面，仔細留意形成對比的洪水和核子大屠殺類似的地方，能幫助我們從聖經的角度看核子威脅。

首先，我們應該清楚挪亞之約沒有提及核子大屠殺的威脅，也沒有提供一個從神而來的保證，說這種大屠殺不會發生。神保證不毀滅地球，不等於答應防止人類這麼做。他們會這麼做的可能性，沒有進到創世記九章的範圍裏面。[20] 但另一方面，挪亞之約對核子戰爭的情況**是**適切的，它向我們確定了神對人類在地上生存的承諾。這有很重要的含義。舉例說，這是指一個可能令人類有滅絕危險的核子措施，不是一個情願死也不放棄自由或原則的英雄式的選擇，而是直接拒絕神為祂創造的人所賦予的價值。神肯定絕對不容許人在一個用核子武器報復的措施中，將人類滅絕。神在創世記九章6節中容許人報復，目的正好相反，祂是要保護人類的生存免受不斷增加的強暴威脅。此外，任何藉著指出敵人的邪惡，而企圖為使用核子武器報復的行為辯護的人，他們不但在觀念上濫用了道德規範，也一點不認識在挪亞之約中滿有恩典的神：祂容忍罪惡和不執行審判，因為祂承諾了，儘管人類邪惡，祂也要讓祂所創造的人生存。

神對人類生存的承諾，應該在我們基督徒思想核子的問題，以及我們基督徒謀求和平的行動中，形成一種背景。這不是說人類生存的情況（從一個很重要的意義來說），掌握在人類手中，我們可以**濫用**神必定防止大屠殺的天命。在這個情況中，神的容忍可能只是讓我們承擔我們犯罪的後果，讓這個後果成為祂的審判。換句話說，神對人類生存的承諾，不能減輕人類要確保他們的生存的責任。但我們可以確定，那些致力尋求和平的人，他們的努力一定是朝著神在歷史中所定的旨意。他們負責任的行動可以根源於向神禱告和信靠神；神會站在他們那一邊，因為神會站在這一類人那邊。[21]

藉著洪水的故事的神學意義，核子武器的可怕變得完全明顯。儘管神為人的罪糟蹋了祂的創造而憂傷，但祂仍然保證會保留這些受造物，可是核子武器卻威脅著要毀滅神的創造。它們不但威脅著按著神的形象而造的人類，也威脅著所有動物；這些動物是神給人管理的，即使在洪水的時候，祂也要挪亞負起保留這些動物的生命的責任。當人類在地上的管理令每天有三種動物絕種時，我們已經離開人類的原始時代很遠。那時，野生動物是人類生存的主要威脅（九2）。我們不合聖經的「人為中心說」的措施，令我們在討論核子問題時，往往以為好像只有人類才會受到影響。[22] 我們忘記了，人的尊嚴

(我們乃是按著神的形象造的)，不在於我們輕視其他受造物的自由，卻正是在於我們負上我們關心其他受造物的責任。那些能使神的世界縮減為一個充滿煙塵和毒氣、只適宜昆蟲居住的廢墟的武器，必須在一個比應有戰爭的倫理更廣闊的神學處境之中作評估。「向神呼求的不止是人的血」。[23]

核子的威脅表明，人類背叛了神給他們管理受造物的委託——無論是創世記一章28節的原來版本，還是創世記九章1至7節再次闡述的版本。這威脅到要破壞神交給人類負責的一切受造物，也威脅到要以吹噓狂妄之言打破所有使用暴力的限制(就如拉麥一樣)，作無止境的報復，從而逾越和廢去創世記九章2至6節，神容許有嚴格限制的暴力的原因。在挪亞之約中，神向自己保證不再使用破壞祂的創造的能力。但核子武器表明了，人為了取得像神一樣能夠破壞世界的能力，拒絕效法神、滿足神的形象，反而決心要成為為自己爭取權益的「神」。在核冬的時候是沒有彩虹的，這是一個很合宜的象徵，因為那時人類已經否決了神創造的旨意，就是叫人和動物都能生存的旨意。

最後，我認為洪水的故事能幫助我們更好地留意神、留意世界和留意自己；這是新奇而嚴重的核子情況所需要的。精細地以洪水的故事的原來意義來讀它，能使我們對神賜給我們的世界有一個更新的意義。若不是神對我們的容忍和憐憫，祂不會停止毀滅地球。當我們看見這點時，我們便發現我們視為理所當然的世界，是因為神的恩典才再次繼續賜給我們享用的。因著挪亞，我們的世界失而復得；在世界與神的關係中種種新經驗裏，我們發現它更有價值。認真地面對核子威脅的問題，可以成為類似的失而復得的經歷的機會。思量將會失去甚麼，讓我們在鮮明的現實中經歷到這世界的美好之處(神仍然不容許我們破壞它)。這就如一個暫緩於不治之症的病人，會強烈地經歷到可以活著的無限喜樂。當我們發現這世界可以說只是暫時重歸我們時，我們會像神一樣承諾對它作出保護的承諾。在面對核子威脅中經歷世界相對地新奇的元素，我們會再次發現世界既是神的恩賜，**也是**我們的責任。這樣，這個經歷不會成為某種宗教上逃避——逃避核子時代的緊急責任，卻會成為一個基督徒觀點的來源，讓我們可以正確地負起我們的責任。

第十章

政治上的基督：反思的總結

耶穌基督是聖經正典的重心。聖經所有的主題都會合於祂，並且這些主題只有在關於基督的時候，才找到最終和最完滿的意義。所有要正確地研讀聖經的基督徒，在研讀的時候必須不斷回到基督身上。所以，我們固然能夠從政治的角度看福音書中的某些經文，但我們能夠從政治的角度看耶穌嗎？**純粹**用政治的詞彙詮釋耶穌並祂的重要性，難免會將耶穌縮減了。但假如我們將耶穌的生平和祂的際遇排除於政治的層面之外，我們又何嘗不是將祂縮減了呢？因為耶穌所事奉的神的國涵蓋了整個人類的生活，也因為祂在愛中令自己與世人等同，而人的生活受政治架構和政治措施影響，所以祂的事工衝擊人類生活的政治層面和其他層面。我們已經幾次注意到，政治不是一切；政治層面也不是一個緊閉而獨立的生活範圍。它與生活中所有其他層面都有接觸。所以，耶穌的生平、死亡和復活雖然不能只約化為政治，但我們可以預期耶穌的這些方面都有政治的層面。

耶穌的實例

耶穌在祂的事工裏宣告神的國要來，並且**將它的臨在實踐出來**。祂將神的統治延伸到現在，並邀請人住在神的統治中，藉此令神那不受限制、沒有爭議的主權的將來盼望提前來到。這不是神的國末世時最完滿的顯現，只是神的國在歷史上初步的顯現。只是初步，因為它讓自己與罪惡、受苦和死亡有關聯，勝過了它們，卻仍然沒有將它們從世上消除。但這真是神的國的顯現，因為在耶穌的實例中，我們可以見到神統治的**特性**。總括來說，在耶穌的實例中的神的統治體現了的，是神的恩慈和父愛的主權。詳列出來，包括：

關乎被鬼魔壓制的——得勝；

關乎不稱職地代表神的統治的——嚴厲的斥責；

關乎自私、自滿的——警告；

關乎犯罪與失敗的——饒恕與肯定的愛；

關乎疾病的——醫治；

關乎物質需要的——供應日用的飲食；

關乎被人排擠的——歡迎、接納；

關乎渴望權力的——謙卑和愛心服事的例子；

關乎死亡的——生命；

關乎虛假的平安的——分擔痛苦；並

關乎仇恨的——和好。

這只是一個簡略的清單；這些普遍的特性，是從福音書裏面的故事和說話中搜集得來的。它們是神的國的性質不能代替的指標。

耶穌實現神的統治方法的關鍵，是祂以祂的愛成為世人的樣式。[1]耶穌作為父神的兒子，活出了祂得到父神的愛的經歷，所以祂可以用神的愛滿有能力地擔負世人的生活。但純用一個普遍化的方法，只傳講神對全人類一視同仁地照顧的信息，不能叫神的國臨到。神的愛，是藉著耶穌在每一個人實際而非常不同的生活情況之中，傳給他們每一個人的。這是因為耶穌在愛中與世人等同，明白和感受他們的困難和需要。只有這樣，神的愛才能進到他們的生命之中，改變他們的生命。只有當耶穌在每一個人獨特的情況中，不斷將神的愛成為特別給他的愛，祂才能實踐神對所有人普世的愛。

這一方面指到，耶穌令自己與世人等同的愛是沒有窮盡的。但另一方面，祂不是用同一個方式令自己與世人等同。我們必須記住這件事情的兩面。首先，耶穌的愛是給所有人的。無論是被社會放棄的人，還是當受尊重卻被夥伴中傷的人，耶穌都不會漠不關心。祂既與稅吏和罪人同席，也和法利賽人吃飯。得祂醫治的人包括瞎子乞丐巴底買、撒瑪利亞的痲瘋病患者、羅馬百夫長的僕人，甚至大祭司差去捉拿祂的一個僕役。祂不但叫拿因城寡婦的兒子復活(沒有男性的親屬，她便沒有任何經濟支援)，也叫顯然很富有的睚魯的女兒復活(雖然他有社會地位，也不能輕視他的悲傷)。耶穌的門徒和忠誠的朋友包括合夥捕魚的漁夫、稅吏、曾經被鬼附的人、希律產業管理人的妻子，以及一名富有的貴族。就算被耶穌高度批評指責的宗教領袖，也沒有被排除於耶穌對所有人感通一體的愛之外：只有藉著他們，耶穌才能夠在神的愛衝擊他們特殊的情況時，向這種人清楚顯明神的愛的特性和要求。所以，耶穌在愛中與世人等同，跨越了所有的障礙，接觸到在各種不同情況中的人。因身體、社會、經濟和政治的種種不同而被人加以區分的人，以性別、階級、種族、年齡、健康狀況等將人區分的人，耶穌在愛中的感通一體都能觸及他們。

第二，我們要注意的一件同等重要的事情，是耶穌沒有用同一種方式令自己和所有人等同。祂以心為心地，以神的感通一體，來滿足他們實際而非常不同的需要。祂觸摸和醫治痲瘋病患者。祂發覺那年輕而富有的官，是一個善良而正直的人，因此叫他將他的財富分給窮人。祂沒有譴責那行淫時被捉拿的婦人，卻不留餘地的攻擊法利賽人。在仔細看過耶穌怎樣將神的愛獨特化，以不同的形式給不同的人之後，我們找到對我們在政治方面的關注，三個特別適切的範圍。

首先，耶穌沒有人為地區分人類生活的各個層面，也沒有用嚴格的規則接觸人生每一個不同的層面，只是整體地考慮人真實生活的情況，並合宜地行動。醫治痲瘋病患者的事情，可以清楚説明這一點。耶穌在醫治痲瘋病患者的病時，改變了他生命中很多個層面。由於痲瘋病既能傳染，也被視為不潔淨，因此連帶著被社會隔離。恢復身體健康，令他恢復在社會上和宗教上與羣體接觸。耶穌冒著不潔淨的危險**觸摸**痲瘋病患者，顯明了祂不但把病醫好了，也醫好了人類社羣。此外，至少像在撒瑪利亞的痲瘋病患者看見神的作為，感謝祂醫治的例子中，耶穌藉著有身體、社會和經濟效果的醫治行動，傳達神的愛的新鮮經驗；這個經驗涵蓋了人生的所有層面。但假如我們説在痲瘋病患者的例子中，神的愛的進入點是身體的醫治，那麼，在另一個例子——撒瑪利亞婦人的例子中，神的愛的進入點便是另一個地方：耶穌首先跨越社會優越性的障礙(這個障礙將男人和女人、猶太人與撒瑪利亞人分開)，接著祂將撒瑪利亞婦人婚姻生活的失敗帶出來。

第二，雖然耶穌的確是個別地認識人，祂也意識到他們屬於特殊的社會羣體。在福音書的故事中，耶穌所遇見的人有些以個人的形式出現，有些則是社會羣體的代表。福音書也用一般對那類人的稱呼提到與耶穌來往的人，例如：稅吏、傷殘的乞丐、痲瘋病患者、撒都該人、妓女、財主、窮人等等。屬於這些羣體的人的生活會是怎樣，很在乎這些羣體的身分地位。所以耶穌要在愛中與人等同，必須包括祂留意到在第一世紀巴勒斯坦的社會和經濟架構中，這些人的位置。假如神的愛只以對方是稅吏的身分接觸他，而沒有特別指明是**這一個**稅吏撒該或利未，那麼神的愛便不是完全獨特化的。但另一方面，一點也不理會撒該或利未是個稅吏，神的愛也不能接觸到他們。所以，處理架構和社會羣體多於個人的政治，是我們作耶穌門徒的其中一個功課。政治不能完全補充耶穌對每一個祂遇到的人的獨特關注，但可以成為祂關注一個社會羣體的一員的工具；這些社會羣體的生活，是由社會結構所塑造的。

第三，在耶穌於愛中以不同方式與所有人等同中，我們必須思想一個宣稱，說耶穌的實例顯出祂**偏愛**關注窮人。或者我們應該說，耶穌特別關注被社會忽視和排斥、處於社會邊緣的人，就是那些或多或少被社會摒棄的人，因為這些人絕不是每個都是窮困的。稅吏肯定絕不窮困；事實上，他們被社會厭惡的部分原因，正是因為他們以欺詐的手段，奪取別人的財富而發財。所以，在耶穌因與之交往而惹來不好名聲的人的名單中，稅吏是很惹人注意的。耶穌「偏愛」不同羣體的關鍵，一定是因為他們因著社會、經濟和宗教的原因，相對地被神百姓的社會排擠。所以，祂對當時在猶太社會猶如二等公民的婦女特別尊重，明顯地承認她們在以色列社會有完全及平等的地位。身體永久傷殘而淪為乞丐，被推到社會上的社交和經濟邊緣的人，在耶穌所醫治的人中尤其顯眼。但耶穌也和道德上被排斥的人做朋友，包括稅吏和妓女。祂要證明一點：接受他們的款待、和他們吃飯，是將他們包括於祂所設想的、更新了的以色列的社會聯繫之中。在祂接觸那些被人遺忘、人人迴避的人的行動中，祂找到了那些最沒有盼望的人：那些差不多被社會視為死人的痳瘋病患者，以及被鬼附的人——他們的情況令別人完全棄絕他們。

耶穌特別關注處於邊緣的人，並沒有忽略其他的人。相反，耶穌的使命是要將神的愛的感通一體帶給所有人，從而在眾人之中創造一種愛的感通一體。為了達成這個目的，祂要特別關注將那些被排擠於人類感通一體之外的人，以及那些感到被神忽略的人包括在內。那些將別人排擠於神子民感通一體之外的人，只有與那些被他們排擠的人感通一體時，他們才可能曉得神與他們的感通一體。這樣說來，耶穌令自己等同於稅吏和罪人，不只是為了稅吏和罪人，實在也是為了法利賽人。

耶穌對神的國的遠象，在祂的事工裏斷斷續續地暫時顯現出來：這是一個沒有特權、沒有任何身分地位會令人受歡迎或令人被排擠的社會。所以，那些在當時的社會沒有地位的人，在藉著耶穌復原的神統治的社會中，會有顯而易見的位置。這確保了富人和享特權者只能有窮人和權利被剝削者的同等地位。「在前的要在後；在後的要在前」，所以，我們不應該有特別的身分和特權。同樣，在一個以公義令自己享有特殊的地位和權利，卻排擠他人的社會，耶穌清楚講明，不能享有義人的身分。只有臭名的罪人，在神滿有饒恕恩典的國中，有一個稱義的身分。那些自以為義的人，只有在恩典的感通一體中放棄自己義人的特權，才可以在神國中得到同樣的身分。最後，愛小孩子的耶穌，以一個小孩子作為神國公民的榜樣，因為小孩子沒有社會地位。要進入神的國，我們必須變成小孩子。像耶穌喜愛小孩一樣，耶穌對稅吏和乞丐的偏愛，不是對其他人不利，反而是為了他們。為了能像耶穌一樣與不義的人、窮人和小孩子感通一體，其他人必須放棄他們的身分地位。除了這樣，沒有別的辦法能進到神的國中。在神的國裏，沒有人會將自己看為高於或低於其他人；他們彼此都是鄰舍。

耶穌的十字架

釘十字架是古代社會一個很普遍的死刑。不過，值得注意的是福音書裏對**耶穌**被釘十字架的描述，是古代文學中最長、最細緻的**記載**。[2] 古代作者一般只會輕輕帶過釘十字架的事情，很少著重細節。很多作者在有機會提及它時，都會完全避而不談。

十字架使人避而不談的原因值得深思。首先，釘十字架被認為是最可怕的死亡方式：那是特意儘可能令人痛楚的死刑方式，也是令受刑人公開受羞辱和嘲笑，並且令人極難忍受的緩慢死亡方法。文明的世界與文學的世界都不想與它有任何關涉。他們不是要取消它，他們認為這種最殘忍的審判懲處是理所當然的；作為維持文明社會的一種威嚇手段，這是必須的。但他們從沒有把它放在心上，免得破壞羅馬文化人道和使人受惠的形象。他們有一種很多社會都有的「矛盾雙重思想」的特性：一方面傳播並真的相信，他們的社會是文明價值的基地的理想化圖畫；但另一方面他們知道，這個文明是用折磨和恐怖的系統保持的。公開講釘十字架是令人厭惡的。在羅馬帝國頌揚它榮耀的文學和文明中，這更是堅決地要被禁止提及的。偉大將領如凱撒大帝，偉大分省總督如普林尼(Pliny)等常常行使十字架刑罰的人物，在寫回憶錄時，都會對此隻字不提。這是他們不願提起，更不想後人以此想到他們的。

不過，古代文學極少提及釘十字架的第二個原因，更加強了第一個原因：那些被釘十字架的人是無關重要的人。釘十字架是給低下階層、外邦人和奴隸的。這是一個給對抗國家的政治犯人、使用暴力的匪徒和叛逆的奴隸的刑罰。這維護了國家的權柄，以及蓄奴社會的結構。這是用野蠻手段對付一些人，以保障大多數人的安定繁榮。釘十字架被人忘記，正因為它是一種忘記人的方法；一種將那些擾亂社會良心和秩序的人，排斥於社會之外的方法；一種否認「非我族類」者的人性的方法；以及一種將他們的人性縮減為可憎厭的髒東西的方法。

文明社會要忘記它的受害人，才能保持一個文明社會的幻象。釘十字架是除去他們、使他們成為無關重要的人的方法。這樣，他們便能真正被徹底忘記，而釘十字架也可以隻字不提。因此，基督教説耶穌是被釘十字架的神，是一個怪異、令人厭惡的信息：這位神被人施以匪徒和奴隸的死刑；這位神成了一個無關重要、可被遺忘的受害人。這樣一位神不但是荒謬可笑的，更是令人不快、令人厭惡的：祂正面攻擊了羅馬社會的幻象。

耶穌在釘十字架這件事情上，明確地、徹底地將自己等同於那些受害人。他經歷他們成為無關重要的人的結局，為的是恢復他們的人性，令他們成為重要的人。祂加入了被遺忘者的行列，但祂自己和祂釘十字架的故事卻被人記念。羅馬這個社會和國家想方設法，要壓抑對這個被釘十字架的人的記念，就像他們壓抑人們對其他受害人的記念一樣，但這一次他們失敗了。耶穌被釘十字架，成了羅馬歷史中最著名的事情。祂被人記念；祂與其他被遺忘的受害人感通一體，也令人想起他們。

耶穌其實可以不用受苦，但祂順服要將神的愛傳遞給人的使命，選擇了令祂無可避免地成為另一個受害人的途徑。祂以這樣的身分，像很多其他人一樣受同樣的苦。所有的人性尊嚴都被剝奪了；不斷的痛苦弄得祂精疲力竭；在行刑者和嘲笑祂的旁觀者之前完全無助；被祂的朋友和祂的神離棄了——這時耶穌真是一個全然的受害人。可是，祂受的苦沒有令祂轉向自己，剝奪祂關心別人的屬靈能力(受苦一般都會叫人這樣)。相反，在祂被掛在十字架上，性命將終結的時候，祂的愛心關懷觸及祂身邊所有的人：在祂身旁與祂同釘十字架的強盜，祂悲傷的母親，甚至祂求父神饒恕那些釘祂十字架的人。由於耶穌出於愛而受苦，也在祂受苦時愛人，這位被釘十字架的耶穌，成了神在愛中與一切受苦受害的人感通一體的實證。

當然，基督教的福音最重要的信息，是被釘十字架、死在其上的耶穌，在愛中與我們所有人感通一體，包括釘祂十字架的人、旁觀者和所有受害人。在十字架上，祂是以人類景況的最終實相來與我們相遇：我們被譴責、我們失敗、我們受苦、我們會死。但同樣重要的是，祂是一個死於政治制度的受害人。我們一定不能以為祂死亡的意義，跟一些人令其他人成為受害人的過程和結構無關。我們必須記住，祂在愛中與我們所有人感通一體，令他像一些人一樣，在別人手中成為受害人。祂成了受害人的一員，祂的愛才臨到我們眾人。

對我們當中不是受害人的人，這即是說，假如我們沒有記念在現今世界中跟耶穌一樣的受害者，我們便不能正確地記念祂。耶穌要求我們從他們的角度看世界。那些有很多方法讓人受苦，排擠和遺忘受害者的社羣，耶穌對他們只求一己舒適的態度予以譴責。祂與受害人感通一體，令我們不能忽視被遺忘的受害人所受的苦，也令我們不能以自我辯解的錯誤觀念，歪曲他們所受的苦。舉例說，偽稱為了其餘大眾的好處，加於某些人身上的痛苦是值得的講法，在耶穌的十字架叫人醒悟的效果中不能成立。堅持記念受害者，並從他們的觀點看，這樣做會暴露出無論是「左」、「中」或「右」都是可怕的意識形態：「要進步『當然』要有人犧牲嘛」；「弱者『當然』會被推到牆邊啦」；「為了保護我們的社會，『當然』會有無辜者要受苦」；「革命的代價『當然』是無辜者要受苦」。任何觀念鼓勵我們為了一些人的利益，漠視某些人的痛苦並將它們說成不重要，都是十字架所不容許的。釘十字架的神常與受害者，甚至受害者中的受害者同在。

耶穌的復活

耶穌在傳道的時候，宣告和實行了很多舊約先知所盼望的事情。人們期望神的統治能勝過所有罪惡和痛苦的時刻，初步實現了。但先知盼望的頂峯，是死人復活的盼望；他們盼望神會勝過「最後的敵人」——死亡。在新的創造中，人永遠不死。這是人對神的統治所能想像最遠的程度。所以，復活的盼望包括了和代表了所有舊約對將來的應許。因此，耶穌復活的意義，是末世神的國的一種突破。那時，世界最後的情況會達到神創造的完美旨意。神的國的片斷在耶穌的事工裏提前實現，並藉著復活的超越進到榮耀中，超過所有罪惡、痛苦和死亡。但當然，現在只有耶穌進入這榮耀的新創造之中，作其餘所有人的先鋒。耶穌的復活，確定了神讓其他人復活，以及讓所有受造物進入祂榮耀的國中的應許。

復活了的耶穌是我們的將來。祂吸引我們前進到創造的目的，並賦予所有基督徒的行動，有盼望邁進神所應許的未來的特性。我們靠著自己不能達到這個未來。復活向我們清楚表明了，我們這最終要死的人，不能從死亡中得到新的創造。神的國最後的榮耀，不是我們的歷史所能達到的；這全在神的手中，祂打斷我們的歷史，使耶穌從死裏復活。我們必須記住神的國超過我們一切成就的超越性。但在耶穌裏，神已經將祂的國給了我們：不只是一個對最後將來的盼望，更是可以在現今提早實現的盼望。神為祂的受造物所設的這個完美旨意的遠象，鼓勵所有基督徒努力將這世界變得更好。在我們的政治活動方面，這是一把兩刃的劍，將我們的假裝和我們的藉口剖開。一方面，作為一個我們不能達到的目標，它評斷我們所有的政治計劃和成就，不讓我們有一個危險的烏托邦幻想，以為天堂在我們的掌握之中，使我們保持人性、現實、謙卑和不滿足。另一方面，作為一個我們必須預期的目標，它吸引我們走到我們所有的政治成就之外，不讓我們因醒覺而放棄我們的身分地位，使我們保持不滿足、保持盼望和想像，並願意接受新的可能性。

　　不過，基督徒從耶穌的復活而得的盼望，是一個曾經被耶穌的十字架中斷的盼望。被釘十字架的耶穌將自己等同於受害人，只讓受害者得到這個重新建立的盼望。耶穌所定義的神的國，與製造受害者的進步無關，也與不理受害者的死活的進步無關。只有當我們與受害者感通一體，祂的將來才會成為我們的將來。

註釋

前言

1. 引自R. McAfee Brown, *Unexpected News: Reading the Bible with Third World Eyes* (Philadelphia: Westminster Press, 1984), p.163。

第一章

1. 參C. Westermann, *Genesis 1～11: A Commentary* (London: SPCK, 1984), pp.514～518。
2. Chris J. H. Wright, *Living as the People of God: The Relevance of Old Testament Ethics* (Leicester: Inter-Varsity Press, 1983), pp.40～45.
3. André Dumas, *Political Theology and the Life of the Church* (London: SCM Press, 1978), pp.68～69.
4. 在W. M. Swartley的*Slavery, Sabbath, War, and Women*第一章中，有一個很有用的討論。(Scottdale, Pennsylvania: Herald Press, 1983)

第二章

1. J. Morgenstern, 'The Decalogue of the Holiness Code', *Hebrew Union College Annual* 26 (1955), p.12.
2. 這個表列來自D. Patrick的*Old Testament Law* (Atlanta: John Knox Press, 1985), p.162。Morgenstern企圖表明，利未記十九章的原來核心是與十誡有關，但跟十誡不盡相同的十條誡命。
3. 關於這一段，請參看Patrick, *Old Testament Law*, pp.198～200。
4. Chris J. H. Wright, *Living as the People of God: The Relevance of Old Testament Ethics* (Leicester: Inter-Varsity Press, 1983), pp.51～59.
5. John V. Taylor, *Enough is Enough* (London: SCM Press, 1975), p.51.
6. 參看G. J. Wenham, 'Leviticus 27.2～8 and the Price of Slaves', *Zeitschrift für die alttestamentliche Wissenschaft* 90 (1978), pp. 264～265。

7. 這一句筆者取材自*Changing Britain: Social Diversity and Moral Unity: A Study for the Board for Social Responsibility* (London: Church House, 1987)第四章，對這個討論很有用。
8. 「損害的必須賠償」的翻譯意思不明，但在上文下理中很合理。這個意思來自E. A. Speiser, *Oriental and Biblical Studies* (Philadelphia: University of Pennsylvania Press, 1967), pp.128～131。被M. Noth採納，*Leviticus* (Old Testament Library; London: SCM Press, 1977), p.143。G. J. Wenham也有採用，*The Book of Leviticus* (New International Commentary on the Old Testament; London: Hodder & Stoughton, 1979), p.270。雖然Milgrom反對，'The Betrothed Slave-girl, Leviticus 19.20～22', *Zeitschrift für die alttestamentliche Wissenschaft* 89 (1977), p.43, n.2。
9. 這個翻譯來自Wenham, *Leviticus*, p.262。
10. 我們必須強調這段經文很隱晦，可以有很多不同的理解。
11. 犯姦淫的人未必一定會被施行死刑，參H. McKeating, 'Sanctions against Adultery in Ancient Israelite Society, with some Reflections on Methodology in the Study of Old Testament Ethics', *Journal for the Study of the Old Testament* 11 (1979), pp.57～72。妻子犯姦淫，給丈夫的另一種彌補方式是休妻：申二十四1；耶三8；何二2～3。由於聖經不是一本用於法庭的法律書，我們不能假設所有律法一定會被執行，參Patrick的書*Old Testament Law*, p.199; J. Goldingay, *Theological Diversity and the Authority of the Old Testament* (Grand Rapids: Eerdmans, 1987), p.164。
12. Wenham, *Leviticus*, pp.108～109.
13. Milgrom的書*The Betrothed Slave-girl*對這一點有詳細的討論。
14. Milgrom, *The Betrothed Slave-girl*, p.49.
15. 參Wright, *Living*, pp.178～182; H. W. Wolff, *Anthropology of the Old Testament* (London: SCM Press, 1974), pp.199～205。
16. 自由的女人也沒有自由的男人具有的地位。
17. Goldingay, *Theological Diversity*, p.154；這一段所討論的題目另參pp.153～166。
18. 參J. L. Crenshaw, ed., *Studies in Ancient Israelite Wisdom* (New

York: Ktav, 1976), pp.161～171中F. C. Fensham的'Widow, Orphan, and the Poor in Ancient Near Eastern Legal and Wisdom Literature'，及H. K. Havice, *The Concern for the Widow and the Fatherless in the Ancient Near East: A Case Study in Old Testament Ethics* (unpublished Ph.D. dissertation, Yale University, 1978)。

19. 參R. A. Guelich, *The Sermon on the Mount: A Foundation for Understanding* (Waco, Texas: Word Books, 1982), p.250。
20. Wenham, *Leviticus*, pp.266～267.
21. 正如L. T. Johnson 在'The Use of Leviticus 19 in the Letter of James', *Journal of Biblical Literature* 101 (1982), pp.391～401 所指出的，我們應該留意雅各稱利未記十九章18節為「王國的律法」(royal law；雅二8)，即是神國的律法。他視整段利未記十九章12至18節為這個律法的闡述，但也要經過耶穌給予它的詮釋(例如在雅各書五章12節所作的)。
22. 這翻譯來自Wenham, *Leviticus*, p.263。
23. 參R. A. Guelich, *Sermon on the Mount*, pp.225～227, 253; V. P. Furnish, *The Love Command in the New Testament* (Nashville/New York: Abingdon, 1972), pp.46～47。

第三章

1. 關於這個身分的來由，請看C. G. Rasmussen 載*The International Standard Bible Encyclopedia*的文章, ed. G. W. Bromiley, vol. 3 (Grand Rapids: Eerdmans, 1986), p.277。
2. 請參考箴言一章8節和六章20節母親的角色。
3. 參看下面註釋4。
4. J. B. Pritchard, ed., *Ancient Near Eastern Texts Relating to the Old Testament* (Princeton: Princeton University Press, 1955), pp.414～418; W. K. Simpson, ed., *The Literature of Ancient Egypt* (New Haven/London: Yale University Press, 1973), pp.180～192。如想看有關這個教導的討論，可參看W. McKane, *Proverbs: A New Approach* (Old Testament Library; London: SCM Press, 1970), pp.67～75。另外可參看Pritchard對Amenemhet的介紹：*Ancient Near Eastern Texts*, pp.418～419; W. K. Simpson, *Literature*, pp.193～197。

5. 有些學者對這專著的真實性抱懷疑的態度，但這不是我們要討論的範圍。
6. Simpson, ed., *Literature*, p.183.
7. 關於埃及文學裏預先假設階級社會會關注利益被剝削的人，請看H. K. Havice, *The Concern for the Widow and the Fatherless in the Ancient Near East: A Case Study in Old Testament Ethics* (unpublished Ph.D. dissertation, Yale University, 1978), Chapter 1。
8. 參箴八15～16，十六12，二十8、26，二十五4～5。
9. 參大衛對拿單給他的假定存在的案件的審斷：撒下十二1～6。
10. W. McKane, *Proverbs*, pp.411～412.
11. 約伯在約伯記三十一章18節稱自己作孤兒之父，雖然說這話的處境不具法律性。
12. 對這個題目不同的評定，參W. Eichrodt, *Theology of the Old Testament*, vol. 1 (London: SCM Press, 1961), pp.436～456; H. W. Wolff, *Anthropology of the Old Testament* (London: SCM Press, 1974), pp.192～198; G. E. Mendenhall, 'The Monarchy', *Interpretation* 29 (1975), pp.155～170; P. D. Miller, 'The Prophetic Critique of Kings', *Ex Auditu* 2 (1986), pp.82～95。
13. 參看N. K. Gottwald經典的社會學研究*The Tribes of Yahweh: A Sociology of the Religion of Liberated Israel 1250～1050* (London: SCM Press, 1980)，以及他所編的*The Bible and Liberation: Political and Social Hermeneutics* (Maryknoll, New York: Orbis Books, 1983), pp.166～189的討論：'Theological Issues in *The Tribes of Yahweh* by N. K. Gottwald: Four Critical Reviews'；另參Chris J. H. Wright, 'The Use of the Bible in Social Ethics III: The Ethical Relevance of Israel as a Society', *Transformation* 1/4 (1984), pp.11～21。
14. Babylonian Talmud, *Sanhedrin* 43a.

第四章

1. 詩篇九篇和詩篇十篇本來應該是同一篇詩篇，用離合體的形式寫成。但很明顯，現在這兩篇詩的形式，是經過編輯而分成兩首不同的詩，參P. C. Craigie, *Psalms 1～50* (Word Biblical Commentary 19; Waco, Texas: Word Books, 1983), pp.116～117。

2. 關於這幾篇詩篇，請看C. Westermann, *Praise and Lament in the Psalms* (Edinburgh: T. & T. Clark, 1981), Parts 4 and 7; W. Brueggemann, 'Psalms and the Life of Faith: A Suggested Typology of Function', *Journal for the Study of the Old Testament* 17 (1980), pp.3～32; W. Brueggemann, *The Message of the Psalms: A Theological Commentary* (Augsburg Old Testament Studies; Minneapolis: Augsburg, 1984), chapter 3; J. F. Craghan, *The Psalms: Prayers for the Ups, Downs and In-Betweens of Life* (Wilmington, Delaware: Michael Glazier, 1985), Chapter 6。
3. 例如A. Weiser的書*The Psalms: A Commentary* (Old Testament Library; London: SCM Press, 1962), p.93。
4. 參W. Brueggemann, 'Theodicy in a Social Dimension', *Journal for the Study of the Old Testament* 33 (1985), pp.3～25。
5. J. W. de Gruchy, *Cry Justice: Prayers, Meditations and Readings from South Africa* (London: Collins, 1986), p.122.
6. H. Gollwitzer, K. Kuhn, R. Schneider, ed., *Dying We Live: The Final Messages and Records of Some Germans Who Defied Hitler* (London: Collins, 1958), p.86.
7. Gollwitzer, Kuhn and Schneider, ed., *Dying We Live*, pp.87～88.
8. 這個翻譯來自Craigie, *Psalms 1～50*, p.121。
9. Westermann, *Praise*, p.260。這個程序的另一個例子，請看W. Brueggemann, 'From Hurt to Joy, From Death to Life', *Interpretation* 28 (1974), pp.3～19。
10. Brueggemann, *Message*, p.64.
11. 'Come, Freedom Come', 載T. Couzens, E. Patel, ed., *The Return of the Amasi Bird: Black South African Poetry 1891～1981* (Johannesburg: Ravan Press, 1982), p.157。這詩在一九五〇年七月首次出版。
12. Zephania Kameeta, *Why, O Lord? Psalms and Sermons from Namibia* (Risk Books; Geneva: WCC, 1986), pp.1～3.

13. Helder Camara, *The Desert is Fertile* (London: Sheed & Ward, 1974), pp.17～19.
14. J. H. Reumann, ‘Psalm 22 at the Cross: Lament and Thanksgiving for Jesus Christ’, *Interpretation* 28 (1974), pp.39～58.
15. Brueggemann, *Message*, p.12.
16. Hanns Lilje, *The Valley of the Shadow* (London: SCM Press, 1950), p.78.
17. J. Goldingay, ‘On dashing little ones against the rock’, *Third Way* 5/11 (1982), p.25.
18. Dietrich Bonhoeffer, *Letters and Papers from Prison* (London: SCM Press, 1971), p.279.
19. Brueggemann, *Message*, pp.85～87.
20. Hanns Lilje, *Valley*, p.103.
21. J. M. Washington, ed., *A Testament of Hope: The Essential Writings of Martin Luther King, Jr.* (San Francisco: Harper & Row, 1986), p.219.
22. 筆者採用W. Beyerlin的書*We are like Dreamers: Studies in Psalm* 126 (Edinburgh: T. & T. Clark, 1982)，他對這一篇詩的詮釋取決於他對1節不尋常的理解。他的論點不被普遍接納，參L. C. Allen, *Psalms 101～150* (Word Biblical Commentary 21; Waco, Texas: Word Books, 1983), pp.169～175。
23. 所引經文是美國修訂標準版 (RSV)，正如W. Beyerlin在*We are like Dreamers*, p.59改寫的一樣。
24. Beyerlin, *We are like Dreamers*, pp.33～44.
25. 轉引自Washington, ed., *A Testament of Hope*, p.217。Coretta King語。
26. Jürgen Moltmann, *Experiences of God* (London: SCM Press, 1980), p.8.
27. A. A. Anderson, *The Book of Psalms*, vol.2 (New Century Bible; London: Marshall, Morgan & Scott, 1972), p.866; Weiser, *Psalms*, p.762.
28. Weiser, *Psalms*, p.763.
29. Washington, ed., *A Testament of Hope*, p.219.
30. Zephania Kameeta, *Why, O Lord?*, p.45.

第五章

1. 在這一章，筆者將這段經文看為提供關於耶穌的可靠歷史資料。筆者有這個取向，是因為從福音書得到證明。它的第一代讀者在看它時，不能避免地會將它看為跟他們當時的情況不同的過去事件。所以當馬太福音 (筆者贊同寫於公元70年之後的說法) 講到聖殿稅的故事 (太十七24～27)，以及耶穌在聖殿所作的示範時 (太二十一12～13)，是以一種耶穌對一個歷史實況的反應來寫。這個歷史實況在馬太寫書時 (即聖殿被毀後)，已經不再存在。(羅馬人用一種羅馬徵稅來代替猶太人的聖殿稅，但耶穌在太十七25～26的論點，跟這種羅馬徵稅拉不上任何關係。)
2. 所引的經文是筆者的翻譯 (編按：翻譯時按和合本再加以修改，以貼近作者之翻譯)。筆者對這段經文接下來的詮釋寫在 'The Coin in the Fish's Mouth' 一文中，詳刊於D. Wenham, C. Blomberg, ed., *Gospel Perspectives 6: The Miracles of Jesus* (Sheffield: JSOT Press, 1986), pp.219～252。另參W. Horbury的重要文章 'The Temple Tax'，載E. Bammel, C. F. D. Moule, ed., *Jesus and the Politics of His Day* (Cambridge: Cambridge University Press, 1984), pp.265～286。
3. 參K. Wengst, *Pax Romana and the Peace of Jesus Christ* (London: SCM Press, 1987), pp.26～37。
4. Babylonian Talmud, *Shabbat* 33b.
5. 在這個部分，筆者將自己所寫的文章, 'Jesus's Demonstration in the Temple' 裏的論點摘要講出；該文章刊於B. Lindars, ed., *Law and Religion* (Cambridge: James Clarke, 1988)。
6. 關於錢幣這點，請看H. St J. Hart所寫，載E. Bammel和C. F. D. Moule, ed., *Jesus*, pp.241～248的文章 'The Coin of "Render unto Caesar..." (A note on some aspects of Mark 12:13～17; Matt. 22:15～22; Luke 20:20～26)'。
7. 「奮銳黨」一詞曾用來泛指從加利利的猶大開始，到公元七十年耶路撒冷被陷，整個猶太人反羅馬的運動。這個廣泛的用法也許不正確 (Josephus只將它用來描述從公元六十六年到公元七十年，在耶路撒冷的一羣革命分子)，但這裏我為了方便跟從前一個講法。整個運動有一定的連續性和一致性。

8. 關於這一段，請參看F. F. Bruce, 'Render to Caesar'，載Bammel and Moule, ed., *Jesus*, pp.254～257; E. Schürer, *The History of the Jewish People in the Age of Jesus Christ (175 B.C.～A.D. 135)*, revised by G. Vermes, F. Millar and M. Black, vol.2 (Edinburgh: T. & T. Clark, 1979), pp.603～604。
9. Bruce, 'Render to Caesar' pp.259～260.
10. 這一點筆者是參照J. D. M. Derrett的'Luke's Perspective on Tribute to Caesar'，載R. J. Cassidy, P. J. Scharper, ed., *Political Issues in Luke-Acts* (Maryknoll, New York: Orbis Books, 1983), p.42。在歷代志上二十六章有關財務的上文下理中，30和32節可能是指兩種稅項，而歷代志下十九章11節所指的則是兩種法律的個案。由於這些舊約經文意義含糊，耶穌的話可能假設了這些語句是當時猶太人的法律用語。
11. 例如J. S. Kennard, *Render to God: A Study of the Tribute Passage* (New York: Oxford University Press, 1950)；以及K. Wengst, *Pax Romana*, pp.58～61。
12. Bruce, 'Render to Caesar', pp.255～256.
13. 關於這裏討論的問題的概述，請看R. M. Green, 'Ethics and Taxation: A Theoretical Framework', *Journal of Religious Ethics* 12 (1984), pp.146～161。

第六章

1. 參J. M. Court, *Myth and History in the Book of Revelation* (London: SPCK, 1979), pp.148～152。關於亞洲城市膜拜羅馬女神的事情，請看D. Magie, *Roman Rule in Asia Minor to the End of the Third Century after Christ* (Princeton: Princeton University Press, 1950), pp.1613～1614; S. R. F. Price, *Rituals and Power: The Roman Imperial Cult in Asia Minor* (Cambridge: Cambridge University Press, 1984), pp.40～43, 252, 254。
2. R. H. Charles, *A Critical and Exegetical Commentary on the Revelation of St John*, vol. 2 (International Critical Commentary; Edinburgh: T.

& T. Clark, 1920), p.65.

3. A. Y. Collins, 'Revelation 18: Taunt-Song or Dirge?' 載 *L'Apocalyptique johannique et l'Apocalyptique dans le Nouveau Testament*, ed. J. Lambrecht (Gembloux: J. Duculot/Leuven: University Press, 1980), p.201。
4. 引自K. Wengst, *Pax Romana and the Peace of Jesus Christ* (London: SCM Press, 1987), p.9。
5. 參Court, *Myth*, pp.139～142。
6. 參A. Farrer, *The Revelation of St John the Divine* (Oxford: Clarendon Press, 1964), p.189；詳看R. H. Charles, *Revelation*, vol. 2, pp.95～113; A. Vanhoye, 'L'utilisation d'Ezéchiel chiel dans l'Apocalypse', *Biblica* 43 (1962), pp.436～476。
7. 參G. R. Beasley-Murray, *The Book of Revelation* (New Century Bible; London: Marshall, Morgan & Scott, 1974), p.264: 'This city summed up in itself and surpassed the wickedness of the tyrant-powers of the past'。
8. 啟示錄十八章14節，筆者的翻譯。(編按：此處按作者的意思直譯。)
9. Oration 26:11～13，翻譯自P. Aelius Aristides的 *The Complete Works*, tr. C. A. Behr, vol. 2 (Leiden: E. J. Brill, 1981), p.75。另請看K. Wengst, *Pax Romana*, p.186, n.183中引述的文章。
10. 接下來的細節大部分來自W. Barclay, *The Revelation of John*, vol.2 (Daily Study Bible; Edinburgh: Saint Andrew Press, 1960), pp. 200～211，當中也包括其他例子。
11. 這一句話來自Juvenal 10:81。
12. 關於羅馬的玉米救濟，請看M. I. Finley, *The Ancient Economy* (London: Hogarth Press, 1985), pp.198～204。
13. G. B. Caird, *A Commentary on the Revelation of St John the Divine* (London: A. & C. Black, 1966), p.227.
14. A. A. Boesak, *Comfort and Protest* (Edinburgh: Saint Andrew Press, 1987), pp.121～122.
15. Caird, *Revelation*, p.227.
16. 參Wengst, *Pax Romana*, p.26。

17. M. Rostovzeff, *Rome* (New York: Oxford University Press, 1960), p. 264。請注意在原文中，約翰將喜歡航海的商人*nauclēroi*，即船主，包括在11節的商人之中，因此沒有將他們列在17節的航海人士之中。在17節，名單不是以船主開始，而是以船長開始。
18. 參P. Aelius Aristides, Oration 26:11～13。Wengst說地中海在啟示錄中是一個負面的形象（*Pax Romana*, p.130），這個關聯值得細想。
19. 十八章20節肯定不是好像一些英文譯本那樣，指那是航海者的哀歌的一部分。RSV譯本亦不例外，筆者更動了標點符號以達到筆者的意思。（編按：章首經文的標點按作者的更動標示）
20. 特別參看C. J. Hemer, *The Letters to the Seven Churches of Asia in their Local Setting* (JSNT Supplement Series 11; Sheffield: JSOT Press, 1986)。
21. Hemer, *Letters*, pp.87～94, 117～123.
22. 「殺」(*Sphazō*)這個字用在五章6、9、12節和十三章8節的羔羊身上，也用在六章9節的殉道者身上，並沒有矛盾，因為約翰在六章4節也用這個字來泛指殺戮。
23. 在Wengst, *Pax Romana*, p.10中引述。
24. 參Wengst, *Pax Romana*, pp.11～19。
25. Wengst, *Pax Romana*, p.129.
26. 參B. Goudzwaard, *Idols of our Time* (Downers Grove, Illinois: Inter-Varsity Press, 1984), chapter 5: 'The Ideology of Material Prosperity'。

第七章

1. Ernst Bloch, *The Principle of Hope* (Oxford: Basil Blackwell, 1986), p. 258.
2. 新約相關的字的簡單概況，請看R. T. France, 'Liberation in the New Testament', *Evangelical Quarterly* 58 (1986), pp.9～12。
3. S. Croatto, 'The Socio-historical and Hermeneutical Relevance of the Exodus', 載 *Exodus - A Lasting Paradigm*, ed. B. van Iersel and

A. Weiler (Edinburgh: T. & T. Clark, 1987) = *Concilium* 189 (1/1987), pp.126～129。相反的觀點請看J. Barr, 'The Bible as a Political Document', *Bulletin of the John Rylands University Library of Manchester* 62 (1980), pp.286～287。

4. Jürgen Moltmann語，引自E. Moltmann-Wendel and J. Moltmann合著，*Humanity in God* (London: SCM Press, 1983), p.57；參Croatto, 'The Socio-historical and Hermeneutical Relevance', p. 127：「以色列神的名跟出埃及的奴役和釋放的經驗不能分割」。
5. 參賽三十二18；耶三十10；結三十四25～29；番三13。
6. 可概括地看H. W. Wolff, *Anthropology of the Old Testament* (London: SCM Press, 1974), pp.199～205; Chris J. H. Wright, *Living as the People of God: The Relevance of Old Testament Ethics* (Leicester: Inter-Varsity Press, 1983), pp.178～182。
7. 持贊同意見的有Chris J. H. Wright, 'What Happened Every Seven Years in Israel? Part 2', *Evangelical Quarterly* 56 (1984), pp.193～201；但持相反意見的有A. Phillips, 'The Laws of Slavery: Exodus 21:2～11', *Journal for the Study of the Old Testament* 30 (1984), pp.51～66。
8. 參H. W. Wolff, *Anthropology*, p.202。
9. 筆者的譯文。(編按：此處按作者的譯文翻譯成中文。)
10. 舊約已有參考：列王紀上十二章7節。
11. 引自A. Passerin d'Entréves, *The Notion of the State* (Oxford: Clarendon Press, 1967), pp.204～205。
12. 關於多層面釋放的概念，請看Jürgen Moltmann, *The Crucified God* (London: SCM Press, 1973), pp.329～335。
13. 關於教會後期對奴隸制度的態度的簡短記載，請看R. N. Longenecker, *New Testament Social Ethics for Today* (Grand Rapids: Eerdmans, 1984), pp.60～66。
14. 關於這種分別，請看A. O. Dyson, 'Freedom in Christ and Contemporary Concepts of Freedom', *Studia Theologica* 39 (1985), pp.55～72。
15. 關於保羅所講的這一種自由，請看B. Gerhardsson, *The*

Ethos of the Bible (London: Darton, Longman & Todd, 1982), pp.76～78。

16. 關於屬靈內在與外在的自由，請看J. H. Cone的三本著作，*The Spirituals and the Blues* (New York: Seabury Press, 1972), chapter 3; *God of the Oppressed* (London: SPCK, 1977), chapter 7; *Speaking the Truth: Ecumenism, Liberation, and Black Theology* (Grand Rapids: Eerdmans, 1986), pp.31～34。
17. 在這方面，舊約藉出埃及所作釋放的範例，結果是制服和消滅迦南人。但新約對自由的理解卻超越了它。

第八章

1. 馬丁路德的話轉引自C. A. Moore, ed., *Studies in the Book of Esther* (New York: Ktav, 1982), p.370。
2. B. W. Anderson在Moore, ed., *Studies*中p.130所寫的'The Place of the Book of Esther in the Christian Bible'。
3. 末底改在歷史的真實性的可能外證似乎暗示了這一點，請看Moore, ed., *Studies*, pp.380～381的'Archaeology and the Book of Esther'。
4. 參D. J. A. Clines, *The Esther Scroll: The Story of the Story* (JSOT Supplement Series 30; Sheffield: JSOT Press, 1984), pp.10～11, 31～33。
5. C. A. Moore, *Esther* (Anchor Bible 7B; Garden City, New York: Doubleday, 1971), p.34.
6. 關於三章8節反猶太人的典型例子，參L. B. Paton, *A Critical and Exegetical Commentary on the Book of Esther* (Edinburgh: T. & T. Clark, 1908), pp.203～204引述Josephus和塔古姆聖經(Targums；亞蘭文意譯本)所講延伸的例子；另參S. M. Lehrman, *A Guide to Hannukah and Purim* (London: Jewish Chronicle Publications, 1958), chapter 6。
7. N. H. Baynes, ed., *The Speeches of Adolf Hitler April 1922～August 1939*, vol. 1 (London: Oxford University Press, 1942), pp.740～741.
8. B. S. D. Childs, *Introduction to the Old Testament as Studies* (London:

SCM Press, 1979), p.605；另參Moore所編的*Esther*書中pp. 35～36。

9. Abraham D. Cohen, '"Hu Ha-goral": The Religious Significance of Esther', 載Moore, ed., *Studies*, p.122。
10. 兩者的比較，請參Moore, ed., *Studies*，他對G. Gerleman的建議，pp.XLVI-XLVIII。
11. D. J. A. Clines, *Ezra, Nehemiah, Esther* (New Century Bible; London: Marshall, Morgan &Scott, 1984), p.269.
12. Clines, *Ezra*, p.271.
13. 參Clines, *Esther Scroll*書中的討論，pp.145～146, 152～157。
14. Clines, *Ezra*, p.302.
15. 參G. McConville, 'Diversity and Obscurity in Old Testament Books', *Anvil* 3 (1986), pp.45～46。
16. 參J. Baldwin, *Esther* (Tyndale Old Testament Commentaries; Leicester: Inter-Varsity Press, 1984), pp.100～102。
17. 權力形勢的逆轉是以斯帖記的重要主題，這是S. B. Berg在他的博士論文*The Book of Esther: Motifs, Themes and Structure*所強調的 (Ph. D. thesis; Vanderbilt University, 1977; chapter 4)。(這篇論文現已由Scholars Press出版為SBL Dissertation Series 44.)
18. 參A. Kirk, 'The Middle East Dilemma: A Personal Reflection', *Anvil* 3 (1986), pp.231～258。
19. 參K. Cragg, *This Year in Jerusalem: Israel in Experience* (London: Darton, Longman & Todd, 1982), chapters 2～3。
20. R. Gordis, *Megillat Esther* (New York: Rabbinical Assembly, 1974), p.13。這一章是筆者在聽到 Emil Fackenheim教授於一九八七年在曼徹斯特大學的演講幾星期前寫的。他的講題是'The Jew of Today and the Jewish Bible'。這些講稿將會結集成書。在其中一課演講中，教授為以斯帖記與希特拉和大屠殺的關係的詮釋起了一個初稿，類似這一章所詮釋的意思。

第九章

1. 這一章的內容有很多首先出現在'The Genesis Flood and the

Nuclear Holocaust: A Hermeneutical Reflection', *Churchman* 99 (1985), pp.146～155。

2. 筆者將創世記六至九章視為一整個段落，就像現時正典的形式。來源的問題在另一些討論中是很重要的，但在這裏不太適切作者當時的目的。
3. G. von Rad, *Genesis* (Old Testament Library; London: SCM Press, 1972), pp.120～121.
4. 參C. Westermann, *Genesis 1～11: A Commentary* (London: SPCK, 1984), p.477。
5. G. Lambert, 'Il n'y aura plus jamais déluge', *Nouvelle Revue Théologique* 87 (1955), pp.601, 720.
6. B. W. Anderson, 'Creation and Ecology', 載 *Creation in the Old Testament*, ed. B. W. Anderson (Issues in Religion and Theology 6; Philadelphia: Fortress/London: SPCK, 1984), p.158。
7. 這些連繫很重要，但與核子威脅無關，會將我們帶到本章的範圍以外。
8. Westermann, *Genesis 1～11*, p.477.
9. Westermann, *Genesis* 1～11, p.477.
10. 參Westermann, *Genesis 1～11*, pp.410～411。
11. 將創世記六章12～13節的「凡有血氣的人」詮釋為包括動物都行「強暴」，也許不正確；參Westermann, *Genesis 1～11*, p.416。
12. Westermann, *Genesis 1～11*, p.337.
13. D. J. A. Clines, 'Noah's Flood: I: The Theology of the Flood Narrative', *Faith and Thought* 100 (1972～73), pp.139～140.
14. 參K. Barth, *Church Dogmatics* IV/1 (Edinburgh: T. & T . Clark, 1956), p.27。
15. Westermann, *Genesis 1～11*, p.424.
16. 請看筆者的文章'First Steps to a Theology of Nature', *Evangelical Quarterly* 58 (1986), pp.229～244。
17. 有關洪水的故事的這一方面，請看W. Granberg-Michaelson, *A Worldly Spirituality: The Call to Redeem Life on Earth* (San Francisco: Harper & Row, 1984), chapter 5。

18. Jonathan Schell, *The Fate of the Earth* (London: Pan Books, 1982), p.115.

19. 參Jonathan Schell, *The Abolition* (London: Pan Books, 1984), pp. 13～23。

20. 某程度來說，這是對的。正如Peter Selby所說的：「神將挪亞之約放在我們手裏，永不撤回。」('Apocalyptic - Christian and Nuclear', *Modern Churchman* 26 (1984), p.9)。不過我們不應忘記仍有其他事情威脅人類的生存，是在我們掌握之外的；這是我們可以想像得到的。

21. 在核子威脅的情況中，神的供應和人的自由的進一步討論，請看筆者的文章'Theology after Hiroshima', *Scottish Journal of Theology* 38 (1986), pp.583～601。

22. 再一次，人道主義作家Jonathan Schell對核子威脅的含義，看得比大部分基督徒更清楚：「人們往往將核子危機與它對其他生物和牠們的生態系統分開來看，但其實我們應該將它看為生態危機的最核心」*(The Fate of the Earth*, p. 111)。

23. D. Aukermann, *Darkening Valley: A Biblical Perspective on Nuclear War* (New York: Seabury Press, 1981), p.127。關於這一段的題目，請看Aukermann書中寫得非常精彩的第18課。另參W. Granberg-Michaelson, *A Worldly Spirituality*, pp.175～177。

第十章

1. 關於耶穌因愛祂的子民，與他們感通一體，請看筆者與Rowan所寫的'Jesus - God with Us'，載C. Baxter, ed., *Stepping Stones*, (London: Hodder & Stoughton, 1987), pp.21～41；另參筆者的文章'Christology Today'，載*Scriptura* (1988)。

2. 這一點之後的東西，主要來自M. Hengel, *Crucifixion* (London: SCM Press, 1977)。

緊扣時代 服事教會

以文字傳揚基督真道

讀者意見表

衷心多謝你購買本社書籍。本社一直致力以出版事工服事教會，幫助信徒扎根於神的話語，促進靈命增長。為使我們的出版更能滿足你的需要，請填寫下列各項資料，並寄回或傳真予本社。

所購書籍：________________

本書最吸引你的地方：

☐作者　☐適切性　☐文筆　☐設計　☐實用性

☐其他：________________

購買本書地點：

☐基道書樓　☐基督教書店　☐非基督教書店

性別：☐男　☐女　職業：________________

信仰：☐基督徒　☐非基督徒

年齡：☐ 16 歲或以下　☐ 17～25 歲　☐ 26～35 歲

☐ 36～55 歲　☐ 56 歲或以上

學歷：☐中三或以下　☐中五　☐預科

☐大學　☐研究院

☐我欲更多了解基道出版社的事工及考慮支持，請寄給我下列資料：

☐機構簡介　☐新書資料　☐基道會員通訊

☐《基道文字事工通訊》

姓名：________________ 電話：________________

地址：________________

____

傳真：________________ 電子郵件：________________

其他意見：________________

____

多謝賜教！

意見表可以傳真（2687-0281）或直接郵寄以下地址：

香港沙田火炭坳背灣街26號富騰工業中心1011室

基道出版社編輯部收